CHISTES
y Sorpresas para Niños

Nicky Santini

CHISTES

y Sorpresas para Niños

SELECTOR
actualidad editorial

SELECTOR
actualidad editorial

Mier y Pesado 128
Col. Del Valle
México 03100, D. F.

Tels. 543 70 16 - 682 57 17
536 30 31
Fax: 682 06 40

CHISTES Y SORPRESAS PARA NIÑOS

Diseño de portada: Eduardo Chávez
Ilustraciones de interiores: Beatriz Peña Soto

ISBN: 968-403-937-9

Décima Primera reimpresión. Febrero de 2004

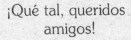

¡Qué tal, queridos amigos!

Niñas y niños, damas y camarones, lechugas y ejotes, libretas y cuadernos. Los saluda "Palitos" al iniciar este jacarandoso y comicolosal libro hecho con amor para ustedes.

Las siguientes alegres páginas contienen gran variedad de chistes, sorpresas y bromas. Y esto es verdad, yo jamás dije una mentira... bueno, sí dije ya una, y con ésta van dos, ¡ja, ja, ja!

Bien, los dejo con sus:
¡CHISTES Y SORPRESAS!

Mi nombre es "Pipillo", gran amigo de "Palitos"; por favor ilumínenlo así: sombrero amarillo, cinta azul, pluma roja, pelo negro, blusa amarilla, saco rojo, moño azul, zapatos cafés, guantes blancos; piernas, cuello y cara color ámbar. O ilumínenlo como gusten, al fin que el libro es suyo.

Criticones

—¿Ya viste al nuevo maestro? ¡Está bien chistoso! ¿De dónde vendrá?

—¿De dónde? Yo creo que se salió del Nintendo.

Vitaminas

—¿Qué tomas, Paquito?

—Unas pastillas para reactivar mi memoria, tía; ¡ya he mejorado mucho!

—¡Uy, qué bueno! ¿Y cómo se llaman esas pastillitas?

—La verdad no me acuerdo...

Inocente

Un niño campesino juega en el campo y de pronto dice a su amiguito al ver una fila de hormigas:

—¡Mira, Juanito, un ferrocarril chiquito!

Tontín

Era un niño tan, pero tan ignorante, que creía que los teléfonos celulares los sacaban de las células.

Dormilón

Un niño de la ciudad visita a otro en el campo y al amanecer le pregunta.

—Oye, amigo, ¿por qué canta el gallo que tienes en el corral?

—Canta para despertarnos y avisarnos que ya amaneció.

—Entonces ve a despertarlo porque hoy se quedó dormido.

Notirrisa

Houston, Tex. Un hospital de esta ciudad informó hoy que uno de sus pacientes ha tomado tal cantidad de antibióticos, que ayer por la mañana estornudó y todos los enfermos se aliviaron.

Catedrático

Un pequeño de apenas siete años camina feliz por la calle; va muy bien vestido, con capa y birrete, entonces un anciano le pregunta:

—Oye, niño, ¡qué elegante vas, ¿a dónde te diriges?

—Voy a la graduación, señor...

¿Te vas a graduar tan pequeño?

—No, voy a la graduación de mis lentes.

Prueba

Si te entregan un cheque de sesenta y tres pesos para que lo cambies por seis billetes, ¿de qué valor serían los billetes?

¡De diez cincuenta!

Vales

Vale por una peluca para mi amiga la Pelona.

Vale por un diente para mi amigo el Chimuelo.

Vale por una cachetada para mi amigo el Grosero.

Vale por un pellizco para mi amiga la que me dio la cachetada.

Deportista

La profesora de civismo llama la atención de su alumno:

—¡Oye, Periquín, estás muy pálido y debilucho, deberías hacer un poco de ejercicio...

—Si hago ejercicio diariamente, profesora, parto leña por la tarde.

—¿Partes leña?

—Bueno, en realidad son unos cuantos palillos después de comer.

Exageración

Era un hombre tan, pero tan pobre, que no tenía ni siquiera un hueso para su perro, por eso el perro era el que le conseguía un hueso.

Tragón

—Ayer mi maestro se comió en la kermés ¡Treinta hamburguesas y diez refrescos!

—¡Ah, caray, me gustaría conocer a tu maestro!

—¡Pues córrele porque hoy lo entierran!

Lector

El alumno de tercer año de primaria lee con verdadera dificultad, así que su maestro le llama y dice:

—Estás muy mal en lectura, Lalo, ¿no practicas lo necesario, verdad?

—¡Uy, claro que sí, maestro! ¿Conoce usted las estampillas de correo?

—Si hablas de estampillas postales, sí las conozco, obviamente...

—Bueno, pues de ésas, leo cinco diariamente.

Pregunta

Dime qué deseas de mí: ¿que sea tu rey, tu esclavo, tu amo, tu gato, tu menso, tu jefe o tu amor?

Experto

—¿De modo que tú sabes cómo se hace el queso de bola?

—Sí, redondo por dentro.

La guerra

Una nena visita a su compañero de clase y pregunta:

—Oye, Gerardo, ¿no me dijiste que en tu casa tenías guerra contra las moscas? Hay muchas...

—Es que ya perdimos la guerra.

Dato

En el año de 1535 se instaló en México la primera casa de moneda de América.

Recado

"No te preocupes si tu mamá, tu maestro y tu hermana te regañan y si todo te resulta mal, me tienes a mí, tu perro favorito."

Pregunta

¿En qué se parece una manzana a un avión que debe partir a las seis en punto?

En que no es-pera.

Sueño

—¡Qué pesadilla tan horrible tuve ayer!, soñé que ganaba mil pesos diarios ¡Qué terrible estuvo!

—¿Por qué?

—Porque desperté a la hora en que me iban a pagar.

De caballos

Llega un ranchero montado en su brioso caballo a un pueblito, desmonta frente a una tienda y, antes de entrar, le encarga su caballo a un muchachito...

—Cuida mi caballo, hijo, ahorita salgo...

De pronto entra el muchacho corriendo y le dice al jinete:

—¡Señor, señor, su caballo ya no podrá caminar...!

—¿Cómo, por qué?

—Porque ya tiró toda la gasolina.

De bebés

—Oye, papá, ¿es verdad que nosotros los humanos tenemos casi el sesenta por ciento de agua en el cuerpo?

—Así es, hijito...

—Pues entonces grítale a mi mamá que venga, porque al bebé ya se le salió toda el agua... empapó su cuna y se quedó seco.

Acertijo

"¿Por qué, si estoy acostada, nunca puedo yo dormir?
Estoy siempre desvelada ¿Quién soy?, ¿me puedes decir?"
¡La cama!

Exageración

Era una mujer tan, pero tan, presumida, que en vez de usar zapatos de piel de cocodrilo, usaba un cocodrilo en cada pie.

Policías

—¿Qué pasó con ese asaltante, oficial, lo encontró?

—Sí, jefe, lo encontré precisamente asaltando a otro señor...

—¡Muy bien, lo felicito! ¿Y dónde está ese pillo?

—Lo dejé en donde lo encontré, mi jefe.

—¡No sea burro! ¿Por qué no lo trajo arrestado?

—Porque usted me ordenó encontrarlo, no traerlo.

Jugar con las palabras

En esta página jugaremos con las palabras; vamos a leer las siguientes frases de izquierda a derecha, luego notarás que leyéndolas de derecha a izquierda dicen lo mismo. (A esto se le llama "palíndromos", se dispensa la ortografía.)

"Edipo la mamá lo pide."
(Lee del final al principio y dice lo mismo.)

"Anita lava la tina."
(Lee igual, de derecha a izquierda.)

"¡Ajá, van al ocaso o saco la navaja!"
(Ahora lee al revés.)

"El oso pasa pozole."
(Otra vez de derecha a izquierda.)

"So tirano come memo con aritos."

"Oso naco narra misa así marrano canoso."

Finalmente anotamos el nombre de Elizabet, y lo mismo, si lo lees al revés dice: "Te basile." (Conste que la ortografía no importa aquí.)

Ahora vamos con un chiste al revés:

—Oye, Lalito, ¿quieres que te cuente un chiste al revés?

—A ver, cuéntamelo.

—¡Pues ríete primero!

Supervacas

—Mire, amigo, mis vacas son muy eficientes y prácticas...

—Pos igual que todas, don Julio...

—No, mire usted: la blanca sólo da leche y la negra el café...

—¡Ja, ja, ja! ¿Entonces si quiere café con leche tiene que ordeñar a las dos?

—No, si deseo café con leche ordeño a esa blanca con negro.

Biología

—¿De dónde desciende el hombre, Samuelito?

—Pues dicen que del mono, maestro...

—Bueno, no es seguro... ¿Y el gato?

—Pues se dice que el gato desciende del tigre, profesor...

—Quizá, tampoco es seguro... ¿Y la araña de dónde desciende?

—Bueno, ésa desciende del techo.

Y aquí tienes uno más...

Se trata de un domador de fieras que actuaba en un circo; apareció en escena, le mete la mano y el brazo por el hocico a un león, se va hasta la cola, la coge, la jala y ¡zas! que lo voltea al revés.

Temperatura

Un niño regresa de sus vacaciones y platica con sus compañeros...

—¡Y en Alaska me divertí muchísimo con la nieve!

—Oye, Paquín, ¿es verdad que en Alaska también hay limosneros?

—Sí, pero hace tanto frío, que la limosna la piden por correo.

Transformación

—Oye, Memín, ¿qué harías si ahorita me convirtiera en perro?

—Te agarraba a pedradas.

¿Qué le dijo...?

—¿Qué le dijo un libro a una revista?

—No sé...

—¡Oye, qué delgada estás?

Idioma

—¿Cómo se dice en chino, "niño encuerado"?
—Chin chu calzón.
—¿Y niño perdido?
—Chin chu mamá.

Adivinanza

¿En el agua no se moja y en el fuego no se quema, ¿qué es...?
¡La sombra!

De animales

Un alumno de quinto año pregunta al más travieso y menos aplicado del grupo, al tiempo que le acaricia la cabeza:

—Dime, Raúl, ¿sabes cuál es la diferencia entre un león y un burro?
—No, ¿cuál es...?
—Pues que al león no puedes acariciarle la cabeza como yo a ti, y a un burro sí...

Agricultor

—Oye, ¡qué disfraz tan espantoso te has puesto! ¿A dónde vas...?

—A sembrar...

—No seas tonto, ¿qué diablos vas a sembrar vestido así?

—Pues voy a sembrar el pánico.

Chiquito

—Oye, gordito, ¿sabrías decirme cuál es el país que puede caber en un vaso?

—Ninguno, tonta.

—Tonto tú, el país que cabe en un vaso es Cuba. ¡Ja, ja, ja!

Naturalmente

—¿Cómo sacarías a un elefante del mar?

—¡Completamente mojado!

Sorpresa

—Hace unos meses sembré zanahorias en mi huerto ¿y qué crees que salieron?

—¡Pues zanahorias!

—No, salieron unos conejos y se las comieron.

La pequeña

Una anciana muy, pero muy arrugadita y encorvada, toca la puerta de una lujosa casa y abre un niño...

—Buenos días, hijito, vengo por los juguetes que ofreciste para una niña pobre.

—Pero yo dije que tenía que venir la más pequeña de la familia.

—Yo soy la más pequeña, hijo.

Médicos

—Doctor, fíjese que me molestan mucho los callos, ¿qué hago?

—Póngase esta pomada en los dedos...

—¿Y si continúan molestándome?

—Entonces llame a la policía para que lo dejen en paz.

Anémico

Un señor muy pálido llega con el médico para que lo recete...

—Entonces qué, doctor, ¿necesito vitaminas A y B?

—Pues francamente lo veo tan desnutrido que le voy a recetar todo el abecedario.

Notirrisa

¡Atención! Si eres una persona que padeces de gripe, consulta a tu médico; si padeces de amor, consulta a tu espejo y entonces verás que "padeces" un menso.

Avaro

—Oye, Marthita, ese niño con el que te juntas es bien egoísta y avaro...

—Hum, pues me acaba de dar para mi comida.

—¡Te dio para tu comida?

—Sí, un salerito, para que le ponga sal...

Compacto

—Mi papá compró ayer un auto...

—Ya lo vi, es muy chiquito...

—Para cinco personas...

—¿Cinco personas? No las aguanta, está muy viejo.

—Bueno, es que uno maneja y cuatro empujan.

Exageración

Aquel niño envejeció tan, pero tan rápido, que a los dos años parecía el abuelito de su mamá.

¡Ejemplares!

—Oye, mamacita, ¿qué sabes tú acerca de Adán y Eva?

—Pues que Adán y Eva, padres de la humanidad, fueron echados del paraíso por desobedientes.

—¿Y tuvieron hijos como tú y papá?

—Sí, nacieron dos, Caín y Abel; por cierto, Caín mató a su hermano Abel con una quijada de burro.

—¡Híjole, qué familia!

Niño listo

Un niño campesino llega a su casa llevando un tierno y hermoso polluelo, entonces la mamá pregunta:

—¿Y ese pollo?, ¿de dónde lo sacaste, hijo?

—Es que cuando venía para acá escuché que me decían: "tío, tío", así que al verlo pensé que era mi sobrino y me lo traje.

—¡No, hijo, no decía "tío, tío", sino "pío", "pío"!

Poeta

Un niño muy romántico ve acercarse a su vecinita y le dice sentimental:

—¿Dónde habías estado que no habías venido?

—¡Ya tenía cuidado de tu amor perdido!

Recuerda siempre las voces y sonidos con los que se manifiestan los animales y tú.

¡Quiero mi leche

¡Yo también, amigo!

¡Ay, me muero por trabajar en una telenovela!

¿En dónde está ese famoso Tarzán...?

¿Sabías que...?

Ranas y sapos no tienen cola cuando son adultos y se les llama "anuros", palabra griega que significa "sin cola". Los sapos tienen la piel áspera, las ranas suelen tenerla lisa.

¿Cómo ven, niños, podré llegar a ser Miss Universo?

...Se me hace que voy a jugar un "ratón".

¡Niños... a la escuela!

¡Qué pato soy, creo que ya metí la pata!

Aviso

¡Atención! Niño de sexto año de primaria solicita urgentemente un contador privado porque ya se hizo bolas con su tarea.

Cuento

Cuentan que en cierta ocasión una viejita estaba tejiendo un suéter y de pronto que se traga la bola de estambre una gatita. Pasó el tiempo y un día la gata tuvo siete gatitos... ¡Todos con suéter!

¿Sabías que...?

Los asnos son mencionados en la Biblia, son animales fuertes y pacientes. Se sabe que fue en Egipto donde los domesticaron. A los asnos machos se les llama "burros" y a las hembras "burras".

¡Burra tu abuela!

¡Yo no soy ninguna clase de buey!

Chiste de animales

Un jinete golpeaba con el látigo a su caballo y fastidiado el animal le reclamó:

—¡Órale, ya no me pegues, te estás pasando...!

Entonces el jinete azorado exclama:

—¡Increíble, primera vez que oigo a un caballo hablar!

Y un perro que iba a su lado agrega:

—¡Yo también!

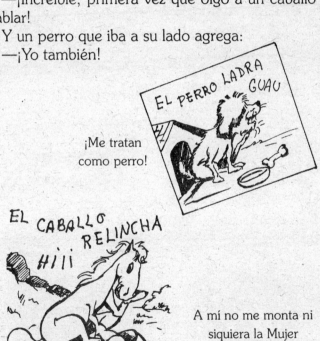

¡Me tratan como perro!

A mí no me monta ni siquiera la Mujer Maravilla!

Aquí tienes diez objetos que usa un bebé, en los espacios de abajo anota cómo se llaman. Gracias.

Secretaria

Una niña y un niño juegan en la sala...

—A ver Andrea, vamos a jugar a que yo era el jefe y tú mi secretaria.

—¡Muy bien, jefe! ¿Algún recado?

—Mire, señorita, si viene a buscarme mi médico le dice que no estoy.

—¿Y si no viene, qué le digo?

En la escuela

Había un profesor muy enojón que por cualquier cosa regañaba a los niños, y un día pasó lo siguiente:

—Niño Felipe, ¡con un demonio, compórtate o te irás al infierno!

—Yo creí que ya estábamos allá, profe...

Dato histórico

El mismo año en que se consumaba la Independencia de México, 1821, murió Napoléon.

Adivinanza

En el aire anda, en el aire mora, ¡ah, cómo trabaja, es bien tejedora!

¡La araña!

Notirrisa

Un granjero de Monterrey presentó una demanda contra tres de sus gallinas; alega que ya le deben seis huevos y no se los quieren pagar.

Las gallinas por su parte dicen que no pagan porque el hombre quiere que pongan la mesa además de los huevos.

La clase

—A ver, Robertito, ¿la letra "A" es vocal o consonante?

—Vocal, profesor.

—¡Correcto! ¿Y la "K" qué es?

—Una letra bonita siempre que no se repita...

Astrología

Aquí van los doce signos humorísticos del zodiaco. ¿Cuál es el tuyo?

Aries

El símbolo de Aries es un borrego, es decir, barbacoa. Aquí pasaron lista la primera vez los que aterrizaron del 22 de marzo al 20 de abril.

No debes preocuparte por perder el dinero, lo recuperarás, pero eso sí, tienes que ganártelo barriendo toda la escuela.

Tauro

Tauro es un toro, o sea, bisteces. Aquí caben todos los que aumentaron la familia del 21 de abril a mayo 21.

Tus estrellas aconsejan que te acostumbres a usar zapatos si no quieres que te pisen los callos.

Géminis

El símbolo son unos cuates igualitos y es para que los que mojaron pañales del 22 de mayo a junio 21.

Según el horóscopo, para que tus amigos no te hagan gestos, debes dejar de ponerte aceite en el pelo, pero si insistes, no te pongas el de las sardinas y menos aún las sardinas; ésas cómetelas.

Cáncer

El símbolo de este signo es un cangrejo mareado y es para todos los que comenzaron a usar talco del 22 de junio al 23 de julio.

Dices que todos tus amigos están locos y todos tus amigos dicen que el loco eres tú. Ni modo, perdiste por mayoría de votos.

Leo

El símbolo de Leo es un león que jamás va a la peluquería, por eso usa melena; aquí caben los que no dejaron dormir a su mami del 24 de julio al 23 de agosto.

Según las estrellas perderás pronto el apetito y no desearás comer absolutamente nada. No te preocupes, de todos modos en tu casa no hay nada qué comer. ¡No hay ni agua!

Virgo

¡Uy, qué símbolo más padre!, una muchacha bien guapa e inteligente. Éste es el signo zodiacal de los que arribaron a la tierra entre el 24 de agosto y el 23 de septiembre.

Dice el horóscopo que pronto tendrás un amigo fiel y afectuoso que habrá de acompañarte a todas partes, lo que significa que van a regalarte un perro.

Libra

Tú símbolo es una báscula que regula tus virtudes para que no te aloques. Libra es exclusivo para los que estrenaron su cunita del 24 de septiembre al 23 de octubre.

Aquí está tu futuro: gracias a tu entusiasmo, esfuerzo y dedicación, cientos de personas subirán día con día... Esto quiere decir que vas a trabajar como elevadorista.

Escorpión

El emblema es un escorpión y sospecho que pica fuerte, ¡aguas! Los escorpios llegaron en nave espacial y empezaron a gritar del 24 de octubre al 22 de noviembre.

Por favor no te sientas solo ni triste, llegarán a visitarte 18 amigos... lo único malo es que todos van a quedarse a dormir en tu cama.

Sagitario

La alegoría de este signo es un chavo disparando flechas al corazón. A él pertenecen todos aquellos que recibieron su primera nalgada de noviembre 23 a diciembre 22.

¡Uy, a todo dar!, recibirás una invitación para ir a cenar pizzas con tus cuates. Procura llevar dinero porque tienes que pagar la cuenta.

Capricornio

Tu símbolo es un chivito alegre y vacilador y lleva dedicatoria para los que empezaron a tomar biberón del 23 de diciembre al 20 de enero.

Las estrellas pronostican que vas a firmar un contrato para filmar una película de animales salvajes... tú serás uno de ellos.

Acuario

Aquí el emblema es un señor que la riega, es decir, que tira el agua. Al acuario pertenecen todos los que llegaron en un 747 de Mexicana y empezaron a hacer pipí del 21 de enero al 19 de febrero.

Según el horóscopo hoy tendrás una nueva y difícil experiencia en tu corta vida, ni modo... tendrás que bañarte por primera vez.

Piscis

En este signo aparecen dos peces juguetones y maloras pero muy listos porque jamás caen en el anzuelo. Estas personitas comen ceviche y les gusta el boliche, habiendo caído al mar entre el 20 de febrero y el 21 de marzo.

A ellas se les asegura que todos sus sueños se realizarán; así que por favor no vayan a soñar que son gallinas, perros ni burros. ¡Conste!

Terminó el zodiaco pero hay que recordar que unos nacen con buena estrella, otros nacen estrellados, muchos se la pasan viendo estrellitas, pero lo importante es llegar a ser una verdadera estrella. ¿De acuerdo? Otro chiste y continuamos la diversión...

Celestial

Un niño observa las estrellas y pregunta a su abuelita:

—Oye, abue... ¿quién enciende por la noche a las estrellas?

—Papá Dios, hijito.

—¿Todas? ¿Esa que está hasta allá y ésa otra que se ve allá?

—¡Absolutamente todas, hijo!

—¡Pobrecito, qué carrerotas ha de pegar todas las noches!

Sección del guasón

Enseguida el Guasón, un personaje muy divertido de tu libro, nos relatará ciertas curiosidades y hará algunas bromas. ¿Listos? ¡Vamos con él!

Para empezar quiero decirte que me gustan mucho los niños..., pero con cara de biberón sin leche. ¡Ja, ja, ja!

... Pero me gustan más si me los sirven con chocolate y leche. ¡Joy, joy, joy!

A ver si puedes resolver esta adivinanza:

"Soy esquivo y me hago pato, pero soy muy juguetón, tomo mi leche en un plato y también soy dormilón... ¿Quién soy...?

¿Qué creen? Ayer conocí a un niño tan, pero tan negro, que tienen que ponerle un juego de luces para poder verlo de noche.

Yo soy un guasón
y río a carcajadas,
a continuación
van más vaciladas...

Recuerda que no es lo mismo: "¡Alto!, ¿quién vive?", que: "¿Quién vive los altos?"

¿Ya saben el cuento del niño tonto que insistía en tener una "cama oculta" para que no lo vieran dormir?

Si se te hace tarde, Jesús, no le eches la culpa al autobús. ¡Bu, bu, bus!
¡Ay, Adela, por dormirte llegarás tarde a la escuela! Ela, ela, ela!

Mi abuelito compró un perro bien bravo para que los ladrones no entren a la casa, y ahora el canijo perro no me deja entrar. ¡Mammmmáaa!

¡Oye, amigo... te estoy viendo cara de perro en discotec! ¡Jo, jo, jo!

Escucha, si deseas enamorar a alguien dile esto: ¡Oh, vida, mía, mi amor por ti no es ciego, es bizco!

¿Sabes cuál es el mar que sufre más? ¡El *marido*!

Me caes bien porque te pareces a mi gato chimuelo...

Ahora promete conmigo lo siguiente:

"Prometo delante de todos no volver a mentir, no enfurecerme, no comer a lo bestia, no ser flojo, levantarme temprano, ser respetuoso, en fin; ser un niño bueno y cumplido..."

Lo único malo es que soy bien mentiroso.

...Y también juro no volver a jurar. ¡Lo juro, lo juro y lo juro!

¿Sabes en dónde nací yo? ¿Te lo puedes imaginar? No. ¿verdad?

¡Pues nací en Guasilandia!

Fíjate que tengo un bebé bien guasón, apenas tiene cinco meses y en cuanto despierta, en vez de pedir leche, pide un coñac. Abre los ojos y empieza: ¡Coñac, coñac, coñac!

Tuve una vez un gato tan pero tan pequeñito, que en vez de perseguir a los ratones los ratones lo perseguían a él.

Y ahora, amigos, ¡una importante noticia!

Desde Tokio, Japón, informan que la nave espacial nipona Ete Kuete Tafeo fue lanzada con éxito y que su tripulación la integran: el comandante,

Sesube Yamamoto, el doctor Oritita Temato, el astrólogo Sakudo Tuplaneta y los primeros niños astronautas, Tachikita Lamona y Tesuda Pokito.

¡Oh, qué chistoso te ves! Pareces "chancla italiana"

¿Sabes qué es un bebé?

Bueno, pues un bebé es una cosa bonita muy latosa que se moja de repente y nos convierte en taza de baño. ¡Ji, ji, ji! Además, cuando todos estamos despiertos, a él se le pega la gana que lo duerman, y cuando todos estamos dormidos él se encarga de despertarnos. ¿Quieres uno?

Por favor no me hagan reír porque pongo cara de caballo sin zapatos.

¡Otra adivinanza!

"Tengo silla y no me siento,
casi siempre estoy de pie.
clavadas las patas tengo,
dime quién soy, yo no sé."

Por cierto hay otras dos especies de caballitos, mira:

El caballito del diablo o libélula que, aunque tienen patas, jamás camina, los encuentras cerca de estanques y ríos, y les gusta mucho el sol.

Otro es el caballito de mar o hipocampo y habita en aguas tropicales.

Y ahora, para que vean que el Guasón no es avaro, voy a obsequiarles un billete que los llenará de alegría y se van a quedar con la pata y la panza fría.

Bien, mis cuates, aquí tienen sus diez chistes

1

Una nena llega muy presumida con su vecinito y le dice:

—¡Hola, Memito! ¿Te gusta mi nuevo vestido?

—¿Eso es un vestido? ¡Yo creí que te habías echado encima el frutero!

2

Preguntas

—Oye, Cocoloco, ¿qué es lo que más te gusta hacer?

—Jugar muchito, comer pollito y dormir solito. ¿Y a ti, Caraloca?

—Usar calcetas, hacer piruetas y chupar paletas.

3

En la escuela

—Dime, Samuelito, ¿qué es un niño?

—Un niño, profesor, es un angelito que tiene que soportar los regaños de su papá, los gritos de su mamá, los abusos de sus hermanos y las preguntas de sus maestros.

4

...Voy a confiarles un secreto: deben saber que antes de ser Guasón era jardinero, ¿y saben lo que hacía? A mis hijos los dejaba regados y a mi mujer plantada.

5

¿Y saben también lo que hacía al cuidar los jardines? Pues como buen jardinero dejar-dinero aquí y dejar-dinero allá.

6

Decía un niño:

—Cuando yo sea grande, maestro, me casaré con una hermosa mujer.

—¡Claro, niño, no seas tonto! ¿Quién va a casarse con un hombre?

—Pues mi hermana, profe.

7

Bromista

Un niño tan bromista como este guasón llegó a casa y gritó:

—Mami, mami, ¿tienes leche fría?

—Sí, hijito...

—Pues caliéntamela.

8

Regañona

—¡Niño, si no te portas bien te daré una patada y vas a ir a parar hasta la calle:

—Mejor dámela más fuerte para que llegue hasta la escuela.

9

¡Córrele, Juan!

—¡Juanito, van a venir tus primos a jugar contigo! ¿Estás listo?

—Sí, mami, ya escondí todos mis juguetes para largarme de aquí.

10

¡Fuego!

—Profesor, aquí está la caja de cerillos que me encargó ayer, ¡son excelentes, de primera!

—¿Cómo sabes eso, Beto?

—Porque ya los probé y encendieron todos.

...“Diez chistes has disfrutado,
el Guasón ya te cumplió,
ahora voy con mi abuelita
que es más risueña que yo.”

Así es, mis muchachitos, yo soy la abuela del Guasón y por lo pronto les diré que había una pulga tan pero tan rica, que no se subía en cualquier perro, nada de eso, ¡ella tenía su propio perro!

Y deben saber que yo trabajé en un circo y mi número consistía en montar a caballo y, a toda velocidad, recoger un pañuelo con los dientes; ¡y, cómo me aplaudían! Bueno, me aplaudían más cuando me agachaba a recoger mis dientes.

¿Saben ustedes qué cosa tienen las gatas que ningún otro animal puede tener? Pues gatitos.

Había una vez una viejita como yo, tan pero tan tonta que se compró un paraguas con agujeros para cuando lloviera poco.

Agresivo

—Sí, era un marino muy agresivo, tanto, que cuando desembarcó en una isla sacó su pistola y empezó a dispararle al mar...

—Oye, menso, ¿por qué le disparas al mar?

—Porque nos tiene rodeados, ¿no ves?

¿Les digo una adivinanza? ¡Voy con mi hacha!

"Estoy muy arrugadita,
pero a todos caigo bien.
me parezco a tu abuelita
aunque no llegue a los cien."
¿Quién soy?
¡La ciruela pasa!

¡Otro chistecito, otro chistecito! ¡Juega, aquí voy...!

Una niña y un niño platican:

—Oye, Arturín, ¿tú sabías que todas las personas tenemos un pie más chico que el otro?

—¿Ah, sí? Pues yo al contrario, tengo un pie más grande que el otro.

¿Sabes cuál es el santo más risueño?
San Jajacinto.

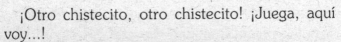

Bueno, niñas y niños míos, ya me voy a tomar mi lechita porque tengo sueño y mañana tengo que correr cuarenta y dos kilómetros, es decir, una maratón. No se rían, correré esa maratón... ¡Pero a caballo!

Personajes

Batman gritó a Supermán:
"Hazte a un lado que aquí voy",
y Supermán respondió:
"¡Aquí el que grita soy yo!"

Dicen que:

Supermán, el Hombre de Acero, no puede tomar agua porque se oxida.

Y que Batman, el Hombre Murciélago, duerme colgado de una rama.

En la estrella del futuro

En las páginas que siguen haremos un fabuloso viaje espacial por todo nuestro sistema planetario, así que prepárense a vestirse con sus trajes presurizados.

Por lo pronto debes saber que tú eres el comandante y que tu nave se llama Estrella del Futuro.

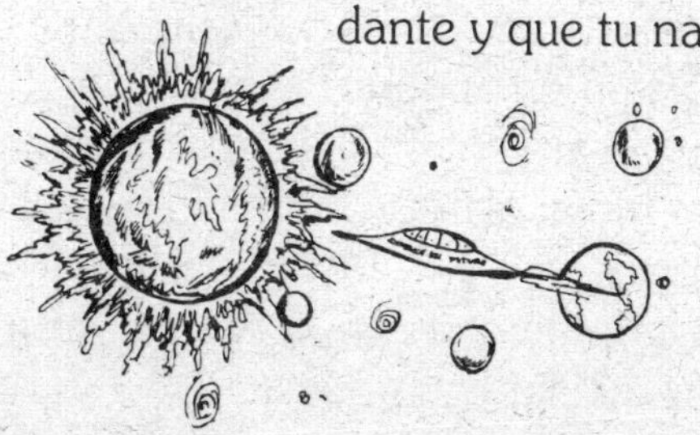

¿Estamos listos? Bien, entonces salimos de la Tierra con rumbo al Sol.

En esta nave viajan tres valerosos niños: el comandante Japeto, la doctora Amaltea, y Berón, el astrólogo. La mascota es un perrito coker de nombre Chitón.

Ahora los vemos acercándose al ardiente Sol.

—¡Ey, regresamos porque el Sol está que arde!...

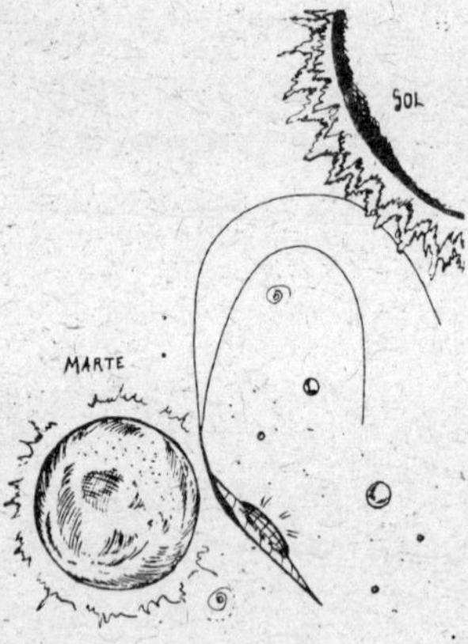

—¡Ay, Japeto!, me hubiera gustado darme unos baños de sol...

—No, Amaltea, te llenas de pecas.

—¿Estás cantando, Berón?

—Sí, y en tono de sol.

—Bueno, vamos hacia Mercurio, y callen al perro; o ladra él o cantas tú.

—¡Ay, mamacita, por poquito y nos estrellamos contra Mercurio! ¿Será un augurio?

—Tan chiquito y tan ardiente. ¿Bajamos para ver si encontramos ese metal plateado llamado mercurio? Je, je... es broma.

—No, Berón, está muy cercano al Sol y con su brillo nos podemos quedar cegatones.

—Entonces salúdalo, Amaltea.

—Adiós, Mercurio, planeta chiquito, luminoso y calientito.

—¡Imposible descender en Mercurio!, no sabemos si bajamos en el lado luminoso o en el "oscurio".

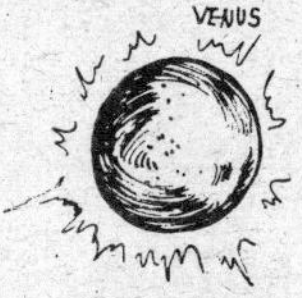

—¡Comandante, llegamos a Venus! ¿Es más pequeño que la Tierra, verdad?

—Sí, Amaltea, y tan caliente como su vecino Mercurio...

—¡Ni pensar en bajar, se siente más calor que en el Metro!

—¡Uy, no, Berón! el Metro es un refrigerador comparado con la temperatura de Venus.

—¿Por qué ladrará tanto Chitón?

—No está ladrando, dice que a Venus se le conoce como "estrella de la mañana", "lucero del alba" o "estrella vespertina".

—¿Es verdad, Chitón?

—¡Claro!, no estoy gua, gua, guaseando... ¡Mejor me hubiera quedado con mi novia, la perrita Capulina!

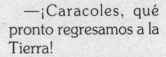

—¡Caracoles, qué pronto regresamos a la Tierra!

—¡Mirén qué hermoso se ve nuestro planeta!

—Sí, lástima que los adultos lo estén destruyendo con sus guerras e industrias…

—Y allá se ve la Luna llena…

—¡Y cómo no ha de estar llena si ya comió!

—Por cierto, ¿saben lo que hizo un astronauta después de poner el primer pie sobre la Luna?

—No, ¿qué hizo, Berón?

—Pues puso el otro.

—¿Vamos a aterrizar, jefe?

—¡Ni de chiste!, mi mamá quiere ponerme a estudiar y estamos de vacaciones.

—Tienes razón, Japeto; punto y aparte y nos vamos hacia Marte.

Ahora nuestros niños astronautas se encuentran en Marte…

—Vean; sus casquetes polares, parecen de hielo…

—¡Qué curioso, da la impresión de que estamos muy cerca de la Tierra!

—¿Y por qué estará tan verde Marte?

—A lo mejor es como la fruta, no ha madurado...

—¿Eso que se ve es nieve?

—No, tontín, son tormentas de arena.

—Observen, tiene dos satélites: Fobos y Deimos.

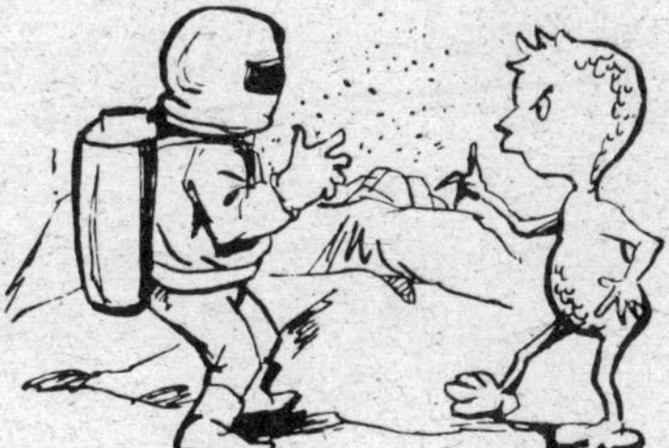

—¡Hola, amigo! ¿Tú eres Marcelo?

—No, terrícola, ¡soy marciano!

—¡Je, je je! Ya nos íbamos...

—¡Vámonos, compañeros!, ese marciano tenía cara de hambre...

—¡Estaba bien chistoso, parecía lechuga!

—De lechuga vamos a servirle nosotros si nos quedamos...

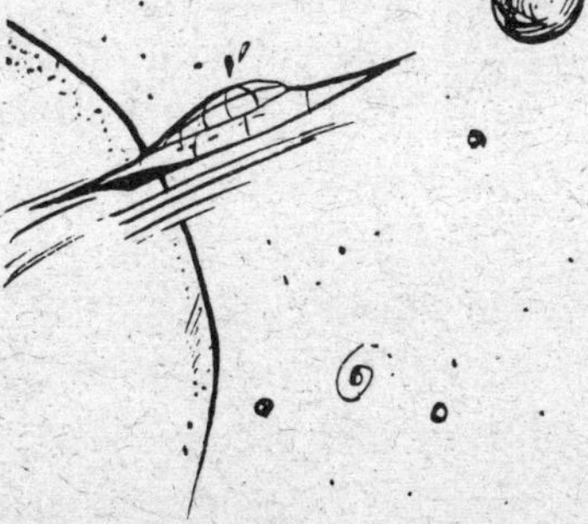

Júpiter, enorme planeta con densa atmósfera

—¡Uy, pero qué enorme es Júpiter!

—Así es, ¡el más grande de todos!

—¿Y tiene doce satélites, verdad?

—Efectivamente, lo que no comprendo es por qué se ve rojo...

—Es que ya le dio vergüenza.

—Júpiter tiene vergüenza, porque hemos venido a verlo, ¿acaso no les da gusto, muchachos, el venir a conocerlo?

—Oye, Amaltea, en vez de venir con tus versos, danos mejor las vitaminas "desayunadoras" porque ya hace hambre.

—Y ahora, enfilamos rumbo a Saturno.

—¡Amaltea, Berón... nos acercamos al increíble Saturno!

—Sí, Japeto, miren sus tres enormes anillos... uno gris, otro blanco y uno más rojizo.

—¡Y sus nueve satélites! ¿Cuál será Tintán?

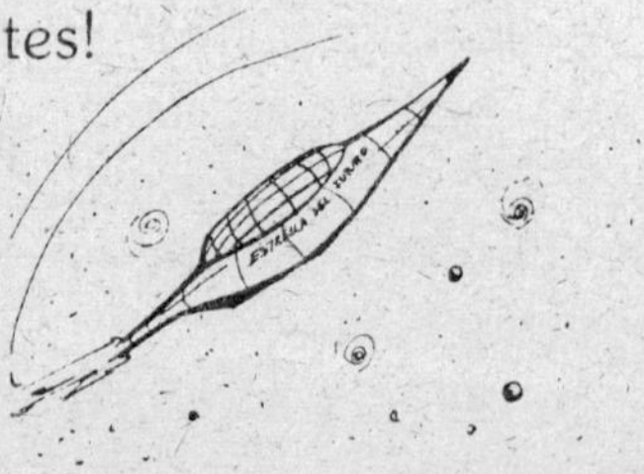

—No es Tintán, tonta, se llama Titán; y es verdaderamente enorme ese satélite, obsérvenlo.

—Anda, Amaltea, un verso para Saturno.
—Mejor que lo ladre Chitón, ¡órale, perrito!
—Gua, guau... estoy inspirándome, ¡gua, guau!

Dice así:
"Saturno, terminó nuestro viaje nocturno, ahora a Urano le llegó su turno."

—¡Caracoles!, este planeta Urano parece de puro gas...
—Tiene cinco satélites y parecen de hielo.
—¿Descendemos, Japeto?
—¡Ni locos!, no vaya a salirnos otro cuate como aquel marciano cara de chile verde.
—Bueno, entonces de uno por uno, ¡vámonos para Neptuno.
—Adiós, mi planeta Urano, pronto te visitaremos, en otra nave espacial porque Estrella del Futuro viene volando muy mal, ¡se le acabaron los frenos!

—¡Qué coraje, muchachos! Venir desde tan lejos para encontrar conque Neptuno casi es igual a Urano...
—Uy, sí, y solamente tiene dos satélites... ¡Qué pobre!

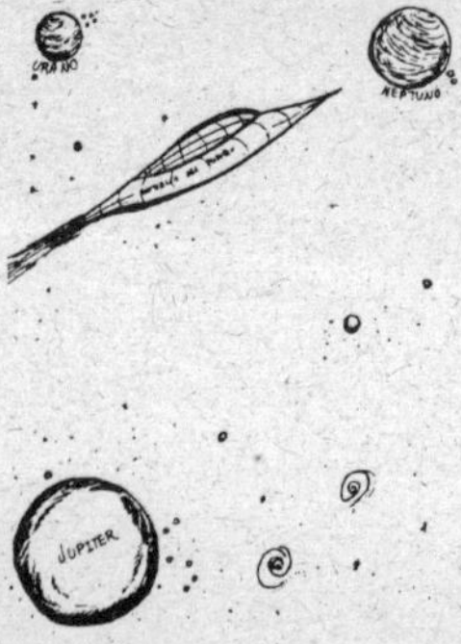

—Hasta Chitón se desilusionó, mírenlo, está saltando como pulga sin perro.

—No critiquen, chamacones. Nuestro sistema solar apenas se acerca a los cinco mil millones de años de edad, cuando sea grande a lo mejor sus planetas se ponen más bonitos...

—Y a propósito de Neptuno... ¡Ya es hora del desayuno!

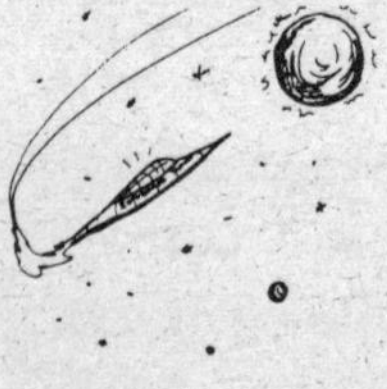

—¡Miren, Plutón se ve amarillo!

—Estará amarillo de coraje por haberlo dejado tan lejos y solo...

—No sean bobos, lo que pasa es que puede estar metalizado, ¿verdad, doctor Berón?

—Esto se cree; también se piensa que existe otro planeta más lejano que Plutón.

—¿Más lejos? ¡Estará en el otro mundo!

—Ya verán, compañeros, en el siglo XXI sabremos mucho más acerca del cosmos.

—Regresemos a la Tierra porque ya es tarde y nos van a regañar por tardar tanto...

Y así termina este rápido viaje interplanetario. Por cierto, ¿saben qué le dijo la Luna a Saturno? "Anda, Saturnino, préstame uno de tus anillos para casarme con ese grandote Titán, el satélite."

Breve información:

La edad aproximada de nuestro sistema solar es de casi cinco mil millones de años. Está formado por el Sol y nueve planetas, como por dos mil asteroides clasificados y, girando también alrededor del Sol, meteoritos y cometas.

La Tierra es el más conocido porque está habitado. Más del 70 por ciento de la superficie terrestre está cubierta por mares. Tiene un satélite, la Luna.

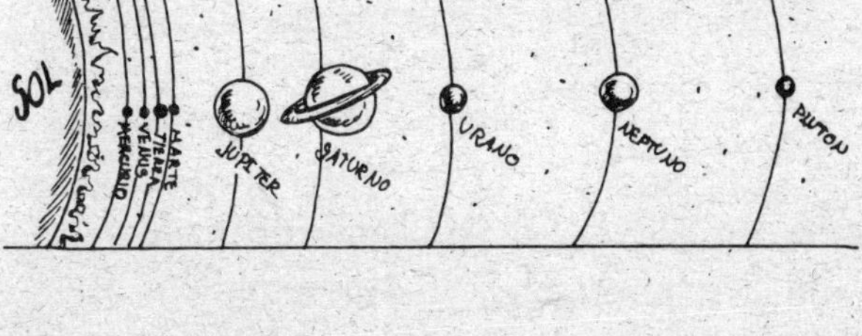

Clarita y Rogelio

Clarita y Rogelio son dos niños muy listos que se la pasan tratando de resolver dudas. Escuchemos lo que platican:

—Oye, Clarita, ¿quién inventaría los globos?
—Un niño latoso como tú que no sabía en dónde guardar el aire.

—A ver, Rogelio, dime tú ahora, ¿para qué sirven las puertas?
—¡Ay, pues para que puedan entrar los ladrones!

—Oye, Rogelio, ¿por qué tu hermano se la pasa sin hacer nada?
—Simplemente porque no hay trabajo...
—¡Cómo que no, trabajo es lo que sobra!
—Sí, pero él no quiere sobras de nadie.

—Ahora me toca preguntar a mí, Clarita, ¿qué es un clip?
—Un clip no es más que un ganchito para presionar papeles.
—No, un clip es un alambrito retorcido de coraje porque lo dejaron presionando papeles.

—¿Y qué será un alfiler, Clarita?
—Un clavo chiquitito, flaco y desnutrido.

—¿Y sabes lo que es un clavo, Rogelio?
—Un clavo es el papá del alfiler y también tiene cabeza, pero ninguno de los dos sabe pensar como tú y yo.

—¿Y un bastón qué será, Clarita?
—Pues un paraguas sin vestido.

—Ahora dime tú: ¿qué es un paraguas?
—Un paraguas es el mismo bastón con un vestido tan horrible como el tuyo.

—¡Ay, no seas tonto, Rogelio, si no ya no juego...! A ver, dime, ¿para qué les ponen cortinas a las ventanas?
—Pues ha de ser para que no estén encueradas...

—¡Ya me hiciste enojar, Rogelio; mejor me voy...!
—No te enojes porque se te pone cara de rana biliosa.
—¿Ah, sí? Pues tú tienes cara de gato con tos.

—¡Ja, ja, ja! ¿Que tengo cara de gato con tos? Será cara de perro sin dientes, porque ya se me cayó otro, mira... Oye, Clarita, una última pregunta y ya: ¿tú sabes que en el siglo XXI, o sea, a partir del año 2001, van a ponerles a los autos ruedas cuadradas?

—¡¿Ruedas cuadradas?!

—Sí, ¡para que puedan subir las escaleras!

Deseos

Ahora, niñas y niños, sin maltratar su libro, anoten enseguida los cinco deseos más bellos que quieren que se les realicen. ¿Sale?

1. Quiero ser inteligente
2. Quiero garrar una comput
3. adora.
4. Quiero ser artista
5. Quiero ser

¡Uy, pero qué cosas más hermosas desean! ¡Se les harán realidad si son cumplidos!

Por ser alegre y cumplido
te ganaste este diploma:
sólo una cosa te pido:
¡Que seas campeón o campeona!

Marcianos

Dos marcianos aterrizan cerca de una estación de gasolina y al ver que de una bomba colocan la manguera a un carro, uno de ellos pensando que la bomba es un humano exclama:

—¡Mira qué chistoso hacen pipí los terrícolas!

Visitantes

Dos marcianos entran a una casa, después de ver el piano y el refrigerador, le dice uno al otro:

—Entreténme a ese negro dientón que está en la sala, voy a la cocina con esa gorda de blanco que está llena de comida.

Preguntita

—¿Cómo gritan aquí al arrancar una carrera?

—¡Una, dos, tres!

—¿Y en Marte?

—¡Luna, sol, ves!

Naves

Unos marcianos que van en su nave ven a Supermán volando y el más menso dice:

—¡Qué nave tan extraña, azul y roja y su motor parecido a una cabeza!

Prófugos

¡SE BUSCAN!
VIVOS O MUERTOS.. DE RISA
Peligrosos Niños
SOY GENIO
YO TAMBIEN
SUPERNIÑA
SUPERNIÑO
SE LES ACUSA POR:
• ESTUDIAR DEMASIADO, SER LIMPIOS,
• DEVORAR SUS LIBROS, DESCANSAR
• Y POR PUNTUALES.
¡SI LOS VES, SÍGUELOS E IMÍTALOS!
SEÑAS PARTICULARES ¡SIEMPRE GANAN LOS DIPLOMAS!
$1,000 000 UN MILLÓN DE GRATIFICACION

Un niño va con su papá por la calle y se detiene para ver la noticia acerca de un señor que es buscado por la policía...

—Oye, papá, ¿por qué buscan a ese señor?

—Porque envenenó a su madre y a su padre.

—¡Ay, pobrecito, se quedó huérfano!

Credencial del Superniño

Éste es un modelo para que hagas credenciales y formes tu Club del Superniño.

Asociación Nacional de Superniños
(A.N.D.E.S.)

La presente acredita, ahorita
a : ______________________________
(Nombre o como te dicen)

Como superactivo socio de Superniños. Suplicamos a todos los papás, mamás, hermanos, maestros y amigos, que no lo regañen y le den sus chocolates y un beso

Superfoto

¿Me parezco?

Planeta Tierra, Siglo XX y XI

____
Firma del socio

Cred. No. __________

Nota importante un poco boba:

Niñas y niños que quieran pertenecer a Superniños tienen que ser:

Superguapos, superlimpios, superactivos y... ¡Superalegres!

¡Uy, qué tonto!

—Oye, Malenita, no puedo anotar el número 33.
—¿Por qué?
—Porque no sé cuál de los dos tres va primero...

¿Qué le dijo...?

—¿Qué le dijo la oreja al ombligo?
—No lo sé.
—Tú no sirves para nada.

Exageración

Era tan pero tan gorda y chaparrita, que una noche en vez de darle a la piñata le dieron a ella.

¿Qué le dijo...?

—Un teléfono celular a otro?
—Pues no sé.
—Estoy enfermo de "celulitis".

Cirugía plástica

Dos niños hijos de médicos especialistas platicaban...

—Mi papá es cardiólogo, ¡es puro corazón!

—El mío es cirujano plástico de animales...

—¿De animales?

—Sí, ayer, por ejemplo, operó a un conejo y lo dejó perro.

Elevador

En la planta baja de un edificio una pareja de marcianos ve a una señora y a su esposo entrar al elevador, salen la señora, el señor y tres niños. Entonces uno de los marcianos sorprendido dice:

—¡Híjole, entran dos terrícolas a ese cuarto, se encienden tres números y aparecen tres niños!

Excursiones

Los niños de una escuela fueron de campamento y durante el día jugaron felices, pero al llegar la noche, como se durmieron cerca del río, los mosquitos comenzaron a fastidiarlos, entonces un niño gritó furioso:

—¡Malditos mosquitos! ¿Por qué no se pican entre ustedes? ¡Tienen más sangre que yo!

¡Éste es tu fantástico antifaz del Superniño!

Cálcalo o cópialo e ilumínalo con tus colores favoritos, que sean muy vivos. Si no sabes cómo hacerlo, pregunta a mamá o a papá, ellos te ayudarán.

Un chiste a propósito

—¡Oye, qué horrible máscara te pusiste, quítatela!
—Si no traigo máscara...
—¿No...? Pues entonces ponte una.

Ahorrativo

—¿Papá, te acuerdas que me ofreciste una bicicleta si salía bien en mis exámenes?
—Sí, hijo.
—Pues fíjate que ya no vas a tener que gastar en esa bicicleta...

Estudiante

—Dígame, jovencito, ¿cuántos huesos tiene el cuerpo humano?

—¡Doscientos ocho, profesor!

—No, joven, son doscientos siete.

—Es que acabo de tragarme uno de ciruela, profe.

Otro estudiante

—A ver, niño, ¿cuántos huesos tenemos en el cráneo?

—No lo sé, profesor, ¡y eso que los tengo todos en mi cabeza!

Gordita

Una señora muy pero muy gorda se sube a una báscula para saber su peso, pone una moneda, se escucha un ruido, sale un papelito, lo toma la mujer y lee lo siguiente:

"¡Bájate, gorda, ya me descompusiste!"

Aviso

¡Atención, mucha atención! Si te sientes cansado por comer tanto, toma lo mejor para el cansancio: ¡toma un taxi!

Cuento

Un señor que era muy pero muy tragón llegó a Alemania, se trasladó a Hamburgo, se casó y se comió a su esposa, ¿sabes por qué?

¡Porque era una hamburguesa!

Notirrisa

México, D. F. Un autobús perdió los frenos, se estrelló contra el muro de un panteón y varios muertos resultaron heridos.

¿Qué le dijo...?

—¿Qué le dijo el número uno al cero?

—No sé.

—¡Hazte a un lado, gordito!

Exageración

Era tan pero tan tremendo aquel niño, que siempre interrumpía a su papá cuando estaba comiendo, cuando estaba hablando y cuando estaba durmiendo.

La oración de un bebé

¡Hola, papá Dios!

Soy un bebé muy bonito, chillón y tragón, me dicen Cocoloco.

Por favor dile a mi mamá que no me dé biberón porque se me cae y me quedo con la panza vacía, luego por eso lloro, de hambre. ¿Sería mejor que me diera de mamar ella, verdad?

Y a ver si ya me cambian los pañales porque hice pipí y me están ardiendo las pompis.

También te pido que me canten otra canción para arrullarme, porque esa de "A la rurrutata" ya me fastidió y está muy choteada. Ojalá me duerman con una de la Gloria Trevi. ¿Sale?

Te pediría también que cuides a mi mamá, mi papá y a mis hermanitos, pero eso ya lo sabes, mejor cuídate tú porque la situación está muy peligrosa.

Bueno, papá Dios, me voy porque tengo mucho sueño y ya me hice popó. Amén.

Responsable

Era un bebé tan pero tan responsable, que no quería nacer hasta que sus padres tuvieran que darle de comer, así que en vez de nueve meses, tardó nueve años.

Verso

Una nena y un niñito
se sentaron a comer,
la niña se acabó un pollo
y ya no puede ni ver.
El niño de pan un rollo
relleno de betabel,
¡ah, qué niños tan tragones,
se enfermaron por comer!

Verso

Soy un bebé muy bonito
y mami me quiere mucho,
pero si me enojo y grito,
me pega mi hermano Chucho.

Se sabe que...

El lado rojo de una manzana, que es el que más estuvo expuesto al sol, es el que contiene más vitaminas.

Campeón

Dos amigos charlaban en la escuela acerca de su afición a la natación.

—Una vez mi mamá estaba nadando en el mar y se le cayó su anillo de bodas, entonces me puse a bucear hasta el fondo y lo encontré.

—Pues mi papá se estaba bañando y, ¡zas!, que se le cae su reloj de oro, así que me sumergí, en el agua y también lo encontré bien pronto.

—¿En el mar?

—No, estaba en la tina del baño; allí buceo yo.

Supermercado

La señora llega con su niño al súper y de pronto ve que el muchacho anda caminando a gatas…

—¿Qué te pasa, Memito, por qué caminas así arrastrándote?

—Ando buscando las ofertas "más bajas", mami.

Fiesta

—¿Hola, Pepín, qué haces aquí en mi casa?

—Vengo a tu fiesta de cumpleaños, Anita.

—Pero mi fiesta es el viernes y hoy es lunes…

—Es que el viernes no voy a poder venir.

Nombre peligroso

—Oye, Sofía, ¿tú por poquito hubieras sido horrible, verdad?

—¿Por qué crees eso, Polo?

—Pues imagínate, si en vez de que tu nombre llevara una "i" tuviera una "e", en lugar de Sofía serías Sofea.

Tardón

El alumno llega tarde a su clase y le llaman la atención una vez más...

—¿Qué pasa contigo, Paco, por qué llegas tarde otra vez?

—Porque me caí del camión, profesor.

—¡Ah, sí! No creo que hayas tardado una hora en caerte...

—Sí, es que me caí muy despacito, despacito...

En el restaurante

Mamá, papá y Jaimito comían felices en un restaurante cuando, de pronto, papá empieza a gritar:

—¡Mesero, mesero, venga pronto, hay una mosca en mi sopa!

—Ya, papá, no grites... ¿Qué tanta sopa puede comerse la pobre mosca?

Velocidad

Frecuentemente escuchamos decir: "Se fue como de rayo", y mira si no: Los rayos que ves aparecer en el cielo son increíbles, ¡se mueven a una velocidad de 33 millones de kilómetros por hora!

Exageración

Era una niña tan pero tan estudiosa, que el quinto año lo repitió ¡cinco veces!

Aseadito

El pequeño Raúl termina de comer su hamburguesa y limpia el plato con su pañuelo...

—¡Niño sucio!, ¿por qué limpias el plato con tu pañuelo?

—No te enojes, mami, al fin que mi pañuelo ya estaba sucio.

Miedoso

Un niño regresa de sus vacaciones en la playa y le platica a su prima:

—¡Estuve bien contento mirando el mar!

—¿Nomás lo mirabas? ¿No te metiste al agua?

—¡Ni pensarlo! A mí el tiburón que se me aparezca tendrá que salir de la regadera.

Maromeros

—Mami, no vayas a servirme frijoles maromeros...

—¡Maromeros!, ¿cuáles son ésos, Armando?

—No lo sé, pero siempre que me los das me brincan en el estómago.

Pregunta

—Dime, niño listo, ¿qué animal se queda cojo si le matan a su pareja?

—El pato, porque pierde su pata.

Cierto

Los gallos cierran los ojos al cantar, porque saben de memoria lo que cantan.

¡Prueba tu inteligencia!

Aquí tienes un sistema sencillo y divertido para saber si en verdad eres inteligente y alegre. Sólo debes contestar si es VERDAD o MENTIRA.

Me gustan tanto las palomitas de maíz
que ya me siento gallina. .... V M
Para no perder mis dientes los cepillo regularmente. .... V M
Ganaré mucho dinero, viviré como rey
y ayudaré a otros. .... V M
Me gustaría jugar futbol
con los abuelos de mis abuelitos. .... V M
Algún día el mundo premiará
mi esfuerzo e inteligencia. .... V M
A veces parezco marranito porque
hago ruidos cuando como. .... V M
Jamás digo una mentira, siempre la verdad. .... V M
Nunca hago pipí en la cama ni volveré a hacer,
¡es horrible! .... V M
Sueño con ser comandante
de una supernave espacial. .... V M
Prefiero leer un libro que ver tanta televisión. .... V M
¡Soy genial, mis tareas las califican con diez! .... V M
Yo no como con las manos sucias porque
no soy un burrito. .... V M
Siempre cuido mi ropa, calzado y útiles escolares. .... V M
Los niños que saben reír son mis amigos preferidos. ..... V M
Mamá y papá dicen que brinco y grito demasiado. .... V M
Jamás me regaña nadie porque todo lo hago bien. .... V M
Duermo más que un gato con pulgas. .... V M
Nunca desperdicio el agua ni maltrato las plantas. .... V M

Por jugar tanto con el Nintendo puedo quedarme loco. . V M
Me gustaría ser perrito para que todos
me consintieran. .... V M
Es imposible que yo arroje basura en las calles. .... V M
Cuando hago coraje me dan calambres
y se me seca la boca. .... V M
¡Me encantan las personas limpias y bonitas! .... V M
Por comer más de lo necesario pujo mucho
cuando voy al baño. .... V M
Tengo pocos años de edad pero ya soy responsable. ..... V M
No me importa si parezco chango por no peinarme. .... V M
Únicamente envidio a los niños más estudiosos que yo. .. V M
Cuando lloro mucho mis ojos parecen
de rana lunática. .... V M
Me agradaría vivir bajo el mar aunque
oliera a pescado. .... V M
Dibujar, pintar y hacer trabajos manuales
me agrada mucho. .... V M

¡Muy bien, has terminado!, ahora anótate un punto por cada frase contestada como VERDAD y suma los puntos obtenidos. Más de 15 puntos significa que eres inteligente y alegre, si pasas de 20 te acercas a ser un genio. Pero si tienes menos de 15 verdades te revelan como un bebé que quiere su biberón.

Obsequio

En el recreo una nena le reclama a su compañera:

—Oye, Marthita, esta torta que me regalaste está medio apestosa...

—Pues cómetela pronto antes de que se apeste totalmente.

Aseguran que:

La jirafa tiene la facultad de poder ver en todas direcciones sin tener necesidad de voltear la cabeza.

¡Viva!

La mamá regresa del mercado y pregunta a su niña:

—¿Qué pasó, Lolita, encontraste ya tu muñeca?

—Sí, mami; estaba en el clóset.

—Pues avísale a tu hermana para que no siga buscándola.

—No, mamá, déjala que la busque, a lo mejor la encuentra y ya tengo dos.

Ejemplos

—Dime, Abraham, cuáles son los insectos conocidos como "ortópteros".

—El saltamontes o chapulín, profesor.

—Muy bien, Abraham. A ver, Ismael, dame otros dos ejemplos.

—Otro saltamontes y otro chapulín, profesor.

Vacaciones.

Mamá, papá, abuelitos y niños se hallan en la playa de vacaciones y, estando en el restaurante, la niña insiste a su abuelita:

—Anda, abuela, cómete todo el pescado.

—No, hijita, puede hacerme daño.

—¡Y eso qué importa, si te mueres estamos de vacaciones!

Poeta

—¿Qué haces, Normita?

—Un verso para el flaco, a ver qué te parece, dice así:

Tengo un amigo travieso,
que no para de brincar,
está más flaco que un hueso,
yo creo que se va a quebrar.

Sin juguetes

Varios niños se encuentran en el jardín corriendo y jugando, pero uno de ellos permanece solo y triste...

—¿Por qué no juegas con nosotros, Mario?

—Porque a mi bicicleta se le poncharon las llantas y mi patineta "hoy no circula".

Futbol

El maestro llama la atención a unos niños que juegan.

—Muchachos, ¿qué dice el letrero que está en ese muro?

—"Prohibido jugar con la pelota", profesor.

—¿Y por qué están jugando allí?

—Porque nosotros todavía no sabemos leer.

Cumpleaños

—Mi hermana Graciela cumple sus quince años mañana.

—¿Y le van a hacer su pastel?

—¡Uy, sí, un pastel enorme! De cinco pisos...

—Yo creo que el de mi hermana fue mucho más grande, ¡hasta cuarto de criados tenía!

Adivinanza

"Ojos grandes y boquita,
con mis piernas y mis manos
duermo junto a mi mamita
y juntas las dos andamos."
¡La muñeca!

Notirrisa

Un niño de Monterrey se fue a vivir a Estados Unidos y dejó decenas de juguetes y dulces a sus amiguitos, el problema es que nadie sabe en dónde los dejó...

Notirrisas

Se informa desde Inglaterra que un barco petrolero se partió en dos cuando atravesaba el canal de la Mancha y se regaron 30 mil toneladas de petróleo, esto significa que el canal de la Mancha quedó bien manchado.

Exageración

En Estados Unidos existe un hombre tan pero tan alto, que por las noches tiene que colocarse focos rojos en la cabeza para que los aviones no se estrellen contra él.

Malora

Una niña pregunta a su compañero en la escuela:

—Oye, Carlitos, te equivocaste, en lugar de besar a la maestra besaste al director.

—No me equivoqué, lo que pasa es que tengo gripe y no se la quiero pegar a la maestra porque ella me cae bien...

El triángulo idiota

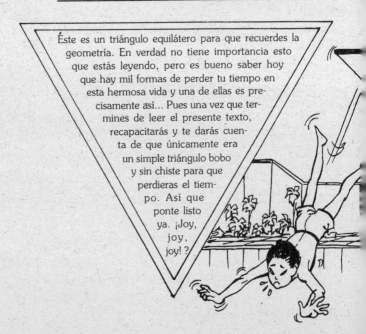

Éste es un triángulo equilátero para que recuerdes la geometría. En verdad no tiene importancia esto que estás leyendo, pero es bueno saber hoy que hay mil formas de perder tu tiempo en esta hermosa vida y una de ellas es precisamente así... Pues una vez que termines de leer el presente texto, recapacitarás y te darás cuenta de que únicamente era un simple triángulo bobo y sin chiste para que perdieras el tiempo. Así que ponte listo ya. ¡Joy, joy, joy! ?

Los sueños

Había un niño muy bromista que presumía de interpretar los sueños; miren por ejemplo lo que decía a los muchachos que le preguntaban:

Si sueñas que vuelas, quiere decir que te estás volviendo mosca.

¿Te sueñas como trapecista de un circo? Estás dando de maromas en la cama.

Cuando sueñas que te estás bañando es que te estás haciendo pipí.

Soñar dinero escondido significa que no pagarás lo que te prestaron.

Cuando sueñas trajes de baño significa que no te pusiste calzones.

Si sueñas relojes es síntoma de que vas a llegar tarde a la escuela.

¿Sueñas que lloras mucho? Entonces eres un simple chillón.

Si te sueñas Batman, Supermán o cualquier personaje famoso, es que ya te estás volviendo loco.

Notirrisas

Se informa desde el norte del país que en algunas zonas hace tanto calor que las gallinas ponen huevos fritos, las vacas en vez de leche dan queso y los árboles frutales en lugar de fruta dan pena.

Regalo

—¿Y ese libro, Lalito, es de historia?

—No, es un libro intitulado *Cómo ganar amigos*, lo voy a regalar...

—¿A quién?

—¡A mi maestro!

Curiosidades

Dime, amigo, ¿has visto unos moluscos con su concha arrollada en espiral conocidos como "caracoles"? Bueno, estos pequeños animalitos que se arrastran avanzan aproximadamente kilómetro y medio en un mes.

Noticia

Hoy se informó en esta ciudad que una viejita muy viejita cumplió años. No se dijo cuántos, pero no tuvo un pastel con 60 velitas, sino sesenta pasteles llenos de velitas.

Notibroma

¡Noticia de última hora! En Ja ja Japón, un ja ja japonés que hacía ja ja jabón, se lanzó desde un trampolín a cinco metros de altura. Fue un clavado extraordinario... el único inconveniente es que la alberca no tenía agua.

Compromiso

El niño llega ante el director de la escuela y pregunta:

—Profesor, ¿es verdad que la escuela es de todos?

—Sí, niño.

—Entonces ahora le toca a usted barrerla.

Malora

Llega Manolo al colegio y le pregunta su profesor:

—¿Cómo están tus papás, Manolo?

—Bien, los cuatro...

—¿Los cuatro?

—Es que veo doble, profe.

Adivinanza

"Tengo muchas hojas
y flores no tengo;
mas si tú me mojas
yo me siento enfermo."
¿Quién soy? ...
¡El libro!

En caminos y ejes viales

En caminos y ejes viales
Hay también gran vacilión.
Aquí están estas señales,
son para tu orientación.

Vuelta a la izquierda
únicamente niños
zurdos.

Prohibido el paso
a hormigas, moscas
y mosquitos.

Velocidad máxima
para escribir,
50 páginas
por minuto.

Se prohíbe
la entrada a niños
chillones.

Si eres "chueco"
no des vuelta
a la derecha.

Estrictamente
prohibido
prohibir.

Chiste cruel

La mamá grita a su hijo desde la calle:

—Te lo advertí, dejaste salir otra vez al perro y ya lo apachurró un camión.

—Ni modo, mami, ahora tendremos que usarlo como tapete en la sala.

Aviso en un jardín:

¡Atención, niños! Pueden jugar en los prados, pero no vayan a comerse el pasto.

Puesto de Socorro
de Esperanza
y de Rosita.

Teléfono público,
¡Lástima que
no sirve!

¡Zona peligrosa!,
niños gritando.

¡Cuidado, peligro!
Maestro furioso.

Ceda sus tortas.

Precaución, chavos...
niño bromista.

Adivinanza

¿Qué puedes ver una vez en un minuto,
dos en un momento, pero jamás en un siglo?
Respuesta: *la letra "M"*

¡Atención, muchachos excursionistas!

Tenemos toda clase de avisos originales e idiotas para carreteras.

Atendemos pedidos por fax, celulares y a gritos también.

Llámanos o grítanos hoy.

¡Cuidado, cuates!, patinetas locas.

¡Peligro! Dinosaurio hambriento.

Estacionamiento para perros rabiosos.

Sanitarios a 1000 kilómetros de aquí.

¡Aguas! Castillo de Drácula a 10 metros.

Espacio reservado para bebés solteros.

Preguntas

¿Qué le dijo el dinosaurio al elefante?
¡Adiós, trompudo!

¿Y qué le contestó el elefante?
Trompudo pero voy a vivir más que tú, menso... ¡Todos ustedes van a desaparecer mientras yo hasta en los circos voy a trabajar!

Vamos ahora a tocar puertas y a jugar con algunos apellidos. ¿Sale?

—¡Hola!, ¿está el niño Puente?
—Sí, ¿qué deseas?
—¡Pues pasar!

—¿Perdone, ¿está la niña Guerra?
—¿Quién la busca?
—Las Naciones Unidas.

—¿Están los Picapiedra?
—¡Claro!
—¡Yabadabadúuu!

—¿Aquí vive el niño Carrillo?
—¿Para qué lo quieres?
—Para ponerle su gasolina.

—¿Está tu hermanito Alberto?
—No está Alberto, está cerrado.

—¿Aquí vive el niño Armas?
—¿Qué se te ofrece?
—¡Un cañón!

—¿Está el señor Calvo?
—¿Quién lo busca?
—Su peine.

—¿Está Socorro?
—Sí, niño.
—¡Auxilio!

—Está Pepito Blanco?
—Sí, ¿para qué lo quieres?
—Para ponerlo negro.

—¿Está mi amigo Prieto?
—Sí, niño.
—¿Muy prieto, muy prieto?

—¿Está Reyna?
—¿Quién la busca?
—¡Pues su rey!

—Buenos días, ¿está León?
—¿De parte de quién?
—¡De la Pantera Rosa!

—¿Aquí vive la maestra Meza?
—¿Quién la busca?
—Su sillita.

—¿Está el señor Rico?
—Sí está...
—¡Estaba, porque ya lo robaron!

—¿Aquí vive Anita Luna?
—Sí, niño.
—¡Pues ya llegó su astronauta!

—¡Está Blanca Nieves?
—¿Quién la busca?
—¡Su enanito!

—¿Está el señor Nieto?
—¿De parte de quién?
—De su abuelito.

—¿Aquí vive la niña Negrete?
—¿Quién la busca?
—¡Su negrote!

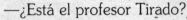

—¿Está el profesor Tirado?
—Sí está...
—Pues levántelo.

—¿La maestra Viveros?
—Está ocupada.
—Pues dígale que ya llegó su arbolito.

—¿Tú eres Marina?
—Sí.
—Pues yo soy tu barco.

—¿El señor Degollado?
—¿Para qué lo quieres?
—Vengo a ponerle su cabeza.

—¿Aquí vive el profesor Perrín?
—Sí, niño...
—Pues dígale que ¡Guau, guau, guau!

¿Tú eres Chávez?
—Sí.
—¿Ya "chaves" que reprobaste?

Parecidos

Niña y niño platicaban en el jardín, decía la nena:
—Dice mi mami que yo debería estar en el cuento de Blanca Nieves.
—Como bruja, ¿verdad? En cambio yo sí debería estar en el cuento de Supermán ¿No te parece?
—¡Claro! Eres igualito a su perro Kripto.

Robin Hood

Pregunta un profesor a su alumno:
—Dime, Pedrito, ¿qué hacía el legendario Robin Hood en el bosque?
—Quitaba el dinero a los ricos, maestro.
—¿Por qué?
—Porque a los pobres no podía quitarles nada.

Religiones

Hace más de 1800 años, allá en la antigua Roma, una tierna madre preguntaba a su hijo:
—¿En qué piensas, hijito?
—En lo que dijo ayer un niño romano...
—¿Qué fue lo que oíste?
—Que los cristianos somos muy pobres...
—¿Eso dijo?
—Sí, mami, dijo que ellos tienen muchos dioses y nosotros nomás uno.

Los niños preguntan:

Mamá, ¿por qué nos crecen las uñas?
Papá, ¿cómo se hace la lluvia?
Abuelita, ¿por qué no hay Sol en la noche?
Mami, ¿por qué los gatos tienen bigotes?
¿Quién hizo el aire, abuelito?
¿Por qué los niños hablamos y los animales no?
Mamá, ¿por qué la sal no es dulce?
¿De qué tamaño es el mar?
¿Por qué el pasto es verde?
¿Cómo se hacen los relámpagos?
¿Por qué quema la lumbre?
Abuelita, ¿quién te hizo viejita?
Mamá, ¿por qué moja el agua?
Papi, ¿cómo es el agua?
¿De qué esta hecha la Tierra?
¿Con qué pegan los gajos de las naranjas?
Abuelito, ¿por qué brillan las estrellas?

Si algún niño nos pone en aprietos con estas preguntas, lo único que no debemos contestar es: ¡YA CÁLLATE!

Rezos

—¡Pobrecita la señora del siete, siempre tan sola!

—Ella tiene la culpa, todo el día se la pasa rezando a la Virgen de la Soledad.

Un niño solicita entrar a la escuela y le preguntan:

—¿Nombre?

—Nono Hernández, y de cariño me dicen: No, no andes...

—¿Edad?

—Siete años doce meses... o sea, ocho años.

—¿Domicilio? ¿Habitas?

—¿Cómo dice?

—¡Domicilio!, ¿dónde habitas...?

—¡Ah ya entendí! Habitas son unas habas chiquitas.

Ahora, querido amigo, bromea a tus compañeros haciendo boletos como éste y obsequiándoselos.

¡GRATIS! **¡GRATIS!**

No. 1996

¡BOLETO GRATIS!

No se da nada
No se rifa nada
No se gana nada
No sirve de nada

SÓLO ES UN BOLETO GRATIS
¡QUE NO CUESTA NADA!

Juguetes

Llega Rogelio y le dice a su amiguito:

—Aquí está tu bicicleta, pero fíjate que se le poncharon las dos llantas y le rompí una salpicadera y el asiento...

—Bueno, ahora ya sé que tengo tres enemigos: el enojón de mi maestro, el perro de enfrente y tú.

Caníbales

Un caníbal (de esos que dicen que comen carne humana) le dice a otro:

—Oye, Calamazú, te veo muy atareado, ¿puedo darte una mano?

—No, gracias, acabo de comer, no me cabe una más.

Adivinanza

"Dicen que yo tengo patas
mas no me puedo mover,
también que tengo comida
y nunca puedo comer."

—¿Quién soy?

¡La mesa!

Exageración

Era una persona tan pero tan rápida, que el mismo día que nació, creció, murió y lo enterraron.

Tragoncito

Una niña y un niño charlaban a la hora de la comida y él presumía:

—¡Mira lo que voy a comer!: dos pollos fritos, media pierna de cerdo, un gran plato de carne en adobo, un buen pescado frito, siete huevos crudos, un plato de plátanos con crema, una pizza y litro y medio de leche...

—¡Ay, Bodoque, por eso estás tan gordinflón, por comer tanto; deberías comer menos de la mitad...

—¡Esto es menos de la mitad!

Musical

Una nena muy alegre va por la calle cantando y bailando y una viejita le pregunta:

—Dime, nena, ¿es verdad que a ti te dicen la Música?

—Así es, tengo los cuatro elementos: ritmo, melodía, timbre y armonía.

El idioma de los bebés

Éstas son algunas frases que decimos los bebés, léanlas para que nos entiendan y no se hagan bolas. Okidoki.

Cámame o totones. ..... Cámbiame los calzones.
Ello eche. .... Quiero leche.
¡Ay, eta aliete! .... ¡Ay, está caliente!
A eininé. .... Ya me oriné.
A ite tata. .... Ya hice caca.
Cágame ma. .... Cárgame, mamá.
Abe a peta. .... Abre la puerta.
Tello i a tatalle. .... Quiero ir a la calle.
¡Ia u pedo!. .... ¡Mira un perro!
¡Illo tata allen! .... ¡Hizo caca también!
Opame ua tateta. .... Cómprame una paleta.
Teno ucha ame. .... Tengo mucha hambre.
Ealle i tolita. .... Me arde mi colita.
Amollos a tatasa. .... Vámonos a la casa.
Allelle atotomao. .... Me duele el estómago.

Eno aga emomitá. .... Tengo ganas de vomitar.
Elo olmí. .... Quiero dormir.
Atétate omillo. .... Acuéstate conmigo.
Ame i totaja. .... Dame mi sonaja.
Ejó ame ebibelón. .... Mejor dame el biberón.
Otello eme beshes. ...... No quiero que me beses.
¿Poté olas? .... ¿Por qué lloras?

Eno, otatá ya etenan a bebé.
Bueno ojalá ya entiendan al bebé.

Notirrisa

¡Atención, mucha atención! Señora, si a sus hijos les gusta bañarse, nosotros tenemos el agua más líquida, más húmeda y más aguada.

¡Atención, amiguitos!

Procuren no comer dulces entre las comidas y, mientras menos dulces tomen, serán más saludables, ¡mejor éntrenle a la fruta!

¿Qué le dijo...

¿El signo de admiración al de interrogación?
—No lo sé...
—¡Cómo admiro todo lo que preguntas!

Blanca Nieves

Blanca Nieves ve llegar a los enanos y al notar que son seis y no siete, pregunta:

—Falta uno de ustedes, ¿dónde está?

—Murió por distraído. Se metió al cuento de Caperucita Roja y se lo tragó el Lobo Feroz.

Caperucita Roja

Llega la Caperucita Roja con su abuelita y le pregunta:

—Oye, abuelita, ¿cuántos dientes te quedan?

—Ni uno solo, hijita...

—¡Uy, qué bien!, entonces guárdame mis dulces.

Las letras

Llega la letra "A" con su tía, la letra "L", y le dice:

—¡Tengo mucha hambre!

—Pues termina la frase, "punto y coma".

Dato sobre el cerebro

Se sabe que nuestro cerebro alcanza su máximo desarrollo a los siete años y continúa creciendo hasta los veinte.

Polito

Había una vez un niño llamado Polito que era muy bromista, a todo le encontraba un detalle gracioso, así que un día platicando con su maestro le decía:

—Profesor, vamos cambiando los avisos de la escuela, por ejemplo, en vez de "sanitarios" que se llamen: "depósito para líquidos inservibles".

—¿Ah, sí? ¿Y cómo llamarías al salón de clases?

—¡Aula para fabricar genios!

—¿Y a la dirección?

—Oficina del juez calificador.

—¿Y a los patios?

—Espacios para estirar los "pieses" y azotarnos de risa.

—¿Y qué indicación podrías en las escaleras?

—¡Escalinatas para subir a brinquitos o bajar a sentones! La entrada sería: "puerta por donde pasan el bueno, el malo y el feo".

—¿Y la salida?

—¡Ésa sería la "abertura para salir corriendo"! Y a la biblioteca la llamaría: "condominio para libros."

—¿Y al autobús escolar?

—A ése le pondría: "transporte de joyería fina".

—¿Y al restaurante y dormitorios?

—Salón para engorda al primero y roncadero múltiple al segundo.

—Bien, ¿y cómo llamarías a la escuela?

—¡Jaula para educandos y catedráticos!

Prueba

—¿Por qué insistes en que me sumerja en la alberca contigo, Rosita?

—Para demostrarle que en el fondo no soy tonta, maestra.

Notirrisa

¡Atención! Si desea tener una alberca en su casa nosotros se la construimos por sólo veinte mil pesos. Oferta, ¡la llenamos con agua de tamarindo!

A jugar

...Y ahora, niñas y niños, "viboritas y alacrancitos", vamos a jugar poniendo nombres a los personajes de las páginas siguientes.

Si sabes qué es cada uno de ellos, anótalo en el cuadro que aparece junto a ellos. ¿Listos? ¡Vamos!

¡Ah!, por favor también ponme un nombre a mí.

¿Quién soy? ¿Un fantasma?

¡Ay, acabo de perder mi nombre!
¿Puedes decirme quién soy? ¡Gracias!

¡Ey, amigos!, ando en busca de un nombre para mí. ¿Alguién puede darme uno? ¿Qué parezco?

Me parece que aquí tienen un buen nombre para mí...
¿Acaso seré un caballo?

¡Hola, amigos!
Dicen que soy la Cenicienta, no lo creo; así que por favor encuéntrenme un nombre.

Ese cuate de enfrente dice que yo soy un Power Ranger. ¿Será verdad? Si no, colócame un nombre

...¡Ja, ja, ja!, me lo estoy vacilando; ¡cómo va a ser un Power Ranger! En cambio yo sí lo soy. ¿Verdad?

¡Uy, si a ésas vamos, entonces yo soy Rambo! Si no les parece, anoten un nombre para mí.

¿Pueden ayudarme a encontrar un nombre para este servidor? No vayan a ponerme María, porque supongo que soy niño.

¡Ey, tú, greñudo de allí enfrente!, ¿puedes decirme qué parezco?

Dicen que estoy loco, porque me creo más guapo que Batman. ¡Dios santo!, ¿Qué parezco con estas greñas.

¡Nos vemos, gato tonto! Este galán de televisión se retira a dormir. ¿Y si no soy un galán, qué puedo ser? ¿Acaso un perro.

¡Malvado ratón travieso!, escondió mi nombre y no sé quién soy... ¡Dímelo tú por favor! ¿Parezco león?

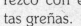

Este cuate de aquí abajo es medio torpe, no sabe decir la palabra "murciélago", dice "murciégalo".

¡Ah qué amigo el de aquí arriba!, se cree muy fuerte como el acero, pero no puede tomar agua porque se oxida!

Bien, amigos míos, ¿cuántos personajes identificaron?

En total son quince figuras, si lograste reconocer más de diez quiere decir que estás al día en muñequitos; si fueron menos de diez significa que eres un niño que ve poca televisión y revistas lo cual está bien.

Ahora, aquí están los nombres de todos "en orden de aparición":

1. Un Power Ranger.
2. Un pato.

3. Una pantera.
4. Un gato barbón.
5. Una muñequita.
6. Un cavernícola.
7. Un ratón.
8. Un fantasma.
9. Un polluelo.
10. Un perrito.
11. Un pajarraco.
12. Un ratoncito.
13. Un gato enojado.
14. Un hombre fornido.
15. Un hombre con máscara.

Y aquí tienes tu "pilón"

¿Sabes quién está en ese espacio de enfrente?
¡Pues el Hombre invisible!
¡Ja, je, ji, jo, ju!

Pregunta

—¿Qué le dijo Pedro Picapiedra a un Power Ranger?

—

¡Yabadabadúuu...!

Restaurante de La Pantera Rosa

Menú:

Crema a la Blanca Nieves con piernitas de enanos.

Arroz blanco con manzana de Caperucita Roja o,

Espagueti a la crema con orejitas de elefante.

Rica ensalada de tortugas Ninja.

Powers Rangers al horno envueltos en hojas de historietas.

Frijoles refritos revueltos con pechuga de Pájaro Loco.

Agua de lluvia con granizo.

Café de los Picapiedra.

Postre de dinosaurio

Atención personal de
sus amigos, Tom y Jerry.
¡Buen provecho!

Tragones

—Oye, amigo, ¿por qué no entraste al restaurante de La Pantera Rosa?

¡Allá se come riquísimo!

—No entré porque estaba lleno.

—No digas mentiras, allí siempre hay lugar...

—Bueno, el que estaba lleno era yo.

Mesero

—¿Qué le servimos, señor?

—¿Tienes ancas de rana?

—No, señor, camino así porque me aprietan los zapatos.

La leche

—¡Oiga, mesero, esta leche está agria, sabe a rayos! ¿No me dijo que era leche del día?

—Así, es, caballero, es la que nos quedó del día de las madres.

Radio portátil

Llega el papá y, como de costumbre, encuentra a su hijo escuchando música a todo volumen, así que le pregunta:

—¿Por qué no te pones los audífonos para escuchar tu música?

—Porque a mi perrito también le gusta escucharla...

—Tú póntelos y el perro que vea la televisión.

—No, mejor que lea el periódico.

Regalados

—Papá, ¿por qué en muchos hoteles regalan a los niños?

—¿Dónde escuchaste esa tontería, hijito?

—Así, dijeron en la radio: ¡Dos niños gratis en cada habitación!

Problema

La niña llega con su abuelita y le dice enojada:

—Abuelita, mi hermana metió unas palomas en la recámara y ya no aguanto la peste, ¡esas palomas huelen horrible, dile que las saque!

—No hay necesidad, hijita, abre la ventana de la recámara y ya verás como el mal olor se va; anda, ábrela...

—No, si abro la ventana se me salen mis gatitos y mis perros.

El pequeño renegado

Llega a casa Enriquito y le dice a su mamá:

—Mami, ¿te acuerdas que al principio no me gustaba la escuela?

—Sí, al principio no te gustaba, ¿y ahora?

—¡Ahora la odio!

Inapetencia

—¿Te gusta la comida vasca?
—¡Ay, no, qué basca!
—¿Y la china?
—¡Ay, no, no seas co-china!

Golpazo

—¿Ya sabes que Gloria Trevi tuvo un fuerte accidente?
—¿Qué le pasó?
—Estaba cantando tan emocionada, que se salió del disco y se estrelló contra la pared.

Comercial

Señora, señor, no se preocupen cuando empiece a desaparecer la blancura de sus dientes, ¡preocúpense cuando empiezen a desaparecer sus dientes!

Autos

—Mi papá acaba de comprar un carro muy chiquito para ahorrar gasolina.
—¿Será un Volkswagen?
—No, es más chiquito; es tan chiquito, que cuando le da hipo a mi papá, saltan él y el cochecito.

Gordita

Una niña flaca se encuentra a su amiguita gorda y exclama:

—¡Hola, Marisa, hace como tres kilos que no te veía!

Fenómeno

—Tengo un primo que tiene dos orejas.

—Todo mundo tiene dos, bobo.

—¿Del mismo lado?

Remedio

—Ay, ¡qué mal me siento!, ¿qué haces tú cuando tienes gripe?

—Estornudar y toser.

Los dientes

Una ancianita como de cien años llega con el dentista y le dice:

—Doctor, necesito que me saque los dientes...

—¡Uy, señora!, usted ya no tiene ni uno. ¿Cuáles dientes quiere que le saque?

—Los postizos que acabo de tragarme ahorita que comía mis frijolitos.

Cabezón

—Hace un mes le cortaron la cabeza a mi padrino y está muy contento.

—No seas mentiroso, ¡cómo va a estar contento si le cortaron la cabeza?

—Es que tenía dos.

Para dormir

—Oye, Marisela, ¿cuál es la mejor forma para dormir: de lado o boca arriba?

—Yo creo que la mejor es cerrando los ojos.

Chiste rápido

Había una vez un perrito que se llamaba Chiste, pero un día lo atropelló un autobús y se acabó el chiste.

Visitante

Llega la maestra a visitar a uno de sus alumnos y el perro le ladra a ella.

—¡Uy, qué perrito más simpático, je, je...! ¿Cóme carne?

—Sí, pura carne de maestra.

Chiste cruel

Un soldado está a punto de ser fusilado por desertor y clama:

—¡No, no por favor, no pueden fusilarme!

—¿Por qué no, cobarde?

—Porque estoy enfermo de la sangre.

—Eso no importa, no te queremos ni para chorizo ni para hacer moronga.

¡Fuego!

Temerosa

Una nena le dice a su compañera:

—Tengo miedo de hacer los exámenes, no quiero que me reprueben.

—¡Dale un chocolate a tu maestro; eso es bueno!

—¿En serio, Maribel?

—Sí, yo les he dado chocolate a todos los que me han reprobado.

Notirrisa

Hoy se informó desde Los Ángeles que fue capturado El Narigón, un asaltante con una nariz tan grande, que a él lo pusieron en una celda y a su nariz en otra.

Malora

Dos niños platicaban durante un descanso en la escuela...

—Oye, Carlitos, ¿si volvieras a nacer qué te gustaría ser?

—Pues me gustaría ser perro.

—¡No se vale repetir!

Supercarro

—Mi papá tiene un carro de tres velocidades.

—¿Tres...?

—Sí: lento, superlento y parado.

Idiomas

—¿Cómo se dice en japonés "está lloviendo"?

—¡Ah jijo, me mojo!

—¿Y cómo se dice "maestra" en alemán?

—¡Estrangúlenla!

Tontín

—¿Qué pasó con tu amiguito, hija? ¿Ya se fue?

—A medias, mami, el muy menso se metió al clóset.

El artista

Una nena se encuentra pintando un cuadro con muchos colores cuando llega su profesora a visitarla y exclama:

—¡Ay, Lupita, qué cuadro más hermoso!, ¡ay, ay, ay!

—Pero no llore, maestra, mi cuadro es conmovedor pero no tanto para que llore...

—No lloro por tu cuadro, nena, ¡es que me picaste un ojo con el pincel!

Cantante preguntón

Mamá, papá y su travieso hijo Randé se encuentran en el restaurante escuchando a un famoso cantante que interpreta algo así:

—"¿En dónde estará mi madre? ¿En dónde estará mi padre?..."

—Oiga, señor, ¿vino a cantar o a preguntar por su familia?

Exageración

Era un señor tan pero tan optimista, que puso un negocio de nieve en el polo norte.

Frase babosa pero cierta

El pan no se bebe ni el agua se mastica.

El bañista

Llega el guardia a la orilla de un lago y, al ver a un niño en el agua, le llama la atención diciéndole:

—¡Oye, muchacho tonto!, ¿no sabes que está prohibido bañarse aquí?

—¡No me estoy bañando, menso, me estoy ahogando!

Adivinanza

Nadie lo ha podido ver,

mas todos en Él confiamos, conocemos su bondad,

¿Ya adivinaste quién es?

¡Dios!

¿Qué le dijo

un cerillo apagado a uno encendido?

¡Has perdido la cabeza!

Comercial

¡Atención, señora! Si sus niños no quieren comer, déles nuestras famosas Tortugas Ninja en salsa verde, o Muñecos de Nintendo al horno.

Castigado por feo

Un niño es llevado a la dirección de la escuela y el director pregunta:

—A ver, Rodríguez, contesta: ¿por qué le pegaste a tu compañero con la libreta?

—Porque la mochila pesaba mucho.

El perrito

Un niño llega al cine con su perro y lo detienen en la entrada...

—¡Momento, niño, tú puedes pasar, pero el perro no!

—No sea malo, déjelo pasar; quiere ver la película porque leyó el libro y le gustó mucho.

El gatito

—¿Es verdad que tienes un gatito muy juguetón?

—Sí, pero es bien tonto, cuando jugamos futbol no mete ni un gol.

Notirrisa

Se informa desde Estados Unidos que la Pantera Rosa se casó con el Lobo Feroz, y éste en vez de besarla se la tragó.

Exageración

Era tan pero tan chiquito, que una vez que le sirvieron consomé de pollo, en vez de tomárselo se ahogó en él.

El feo vicio

—¿Ya dejó de fumar tu papá, Nachito?

—Sí, maestra, ahora lo que gastaba en cigarros lo gasta en puros...

—¿En puros?

—¡En puros frijoles!

Cambio de productos

—Mi papá ya no fabrica dulces. Ahora está en el negocio de los cochinos.

—¿Carnitas, chicharrones y jamón?

—No, jabones para que se bañen los cochinos.

Notirrisa

Un científico loco acaba de descubrir algo muy bobo, dijo que los perros aúllan antes de morir porque después de morir ya no pueden...

En el zoológico

—¿Cómo se le quitó la tos al tigre?

—Le di uno de mis chocolates.

—¿Con un chocolate se le quitó la tos?

—Sí, pero los leones se dieron cuenta y ahora todos se han puesto a toser.

Tragoncito

—¡Mami, mami, por favor prepárame veinte huevos fritos!

—¿Te vas a comer veinte huevos?

—No, mamá, nomás los dos que te queden mejor.

Ni un peso

Un niño entra a la pastelería y pide surtido: chocolate, leche malteada, pastel de piña y un refresco. Ya que se comió todo se levanta y sale...

—Oye, muchacho, no me has pagado lo que te comiste...

—Y cómo le voy a pagar si no traigo dinero.

—¿Entonces por qué no me lo dijiste cuando llegaste a ordenar?

—Porque cuando llegué estaba usted de muy buen humor y no quise ponerlo de malas.

Cazador

—Una vez, el 20 de noviembre, día del desfile, con veinte disparos cacé veinte conejos.

—¡Veinte disparos y veinte conejos? ¿Cómo le hiciste?

—Ya te dije, como era día del desfile, los agarré desfilando.

Aviso

¡Atención! Queda suspendido el desfile de primavera porque se nos hizo tarde y ya llegó el invierno.

Aviso

Atención. Queda suspendido el baile de graduación porque ninguno de nuestros "burros" alumnos se pudo graduar.

Ésta es una página sucia, pero chistosa, espero se rían un poco

Bien; ¿cuál es el lago más sucio?
El Titicaca.

¿Y cuál el fruto más inmundo?
El cacahuate.

¿Y las grutas más desaseadas?
Las de Cacahuamilpa.

¿Y el defecto más roñoso?
La cacaraña.

¿Y el fruto más cochinito?
El cacao.

¿Y el ave más mugrienta?
La cacatúa.

¿Y la ciudad más cagona?
Pues Chicago.

¿Y qué hace tan feo la gallina?
Cacarea.

Bueno, esto es todo, ahora pueden ir a "cacaminar".

Cochinito

El maestro nota algo raro en su alumno y pregunta:

—Dime, Javier, ¿cada cuándo te bañas?
—Cada seis meses, profesor, lo necesite o no lo necesite.

¿Qué le dijo

La cuchara al azúcar?
¡Te espero en el café!

Nuevo invento

Se trata de un globo muy económico; lo inflas y ya que esté inflado le quitas la envoltura para usarlo en otro...
El invento se llama: "hulequitas".

Exageración

Era un hombre tan pero tan exagerado, que cuando se caía procuraba romperse las piernas, los brazos y las costillas porque todo le gustaba al mayoreo.

Canción

"Un niño estaba jugando
y se burlaba de mí
entonces le eché a mi perro
y el bobo se hizo pipí."

¡DINOSAURIOS!

La palabra "dinosaurio" significa "lagarto terrible" (del griego *deinós*: terrible y *saura*: lagarto). Estos reptiles habitaron nuestro planeta hace más de 200 millones de años.

Algunos eran feroces carnívoros y otros vegetarianos únicamente.

Con altura hasta de diez metros, veinte metros de largo y llegando a pesar casi cincuenta toneladas, estos enormes monstruos eran impresionantes.

Se sabe que también existieron algunos tan pequeños que parecían perros o pollos y muchos otros voladores denominados "pterodáctilos"

o "dedo ala". Sus formas variaban según la especie aunque, de una u otra manera, eran similares.

En fin, ya podrás saber mucho más acerca de tan singulares animales, pero, aquí en tu libro vamos a verlos sólo cómicamente y a inventarles algunas historias y nombres para divertirnos. ¿De acuerdo?

Veamos...

Prontosaurio

El prontosaurio era un dinosaurio que todo lo hacía pronto: comía pronto, se dormía pronto y por andar a la carrera, se murió muy pronto.

Tiranosaurio

Este cuate se llama así, tirano-saurio, porque lo tiraba todo: su comida, los árboles, el café, ¡absolutamente todo!

Hacía un tiradero espantoso... ¿No se parecía a ti?

Babososaurio

Éste era el dinosaurio baboso, tonto, lelo; era tan menso que hasta la baba se le caía. Esta espe-

cie desapareció muy pronto, pues por babotas no se fijaban al cruzar las calles y siempre los atropellaban.

¿Tú sí te cuidas al cruzar las calles?

Jojocosaurio

El jojocosaurio era verdaderamente alegre y risueño, de todo reía; ¡hasta en el velorio de su abuelita se atacó de risa! Vivió muy feliz y murió ya viejo, ¡pero de risa!

El jojocosaurio aconsejaba: "Primero tu salud cuida, si feliz deseas vivir, y lleva una alegre vida no dejando de reír."

Tragonsaurio

¡Qué dinosaurio más voraz!, jamás dejaba de tragar, era capaz de comerse dos toneladas de hierbas, cien árboles, diez babosaurios, mil litros de lava volcánica y de postre toda una tribu de los Picapiedra. ...Y esto solamente era su almuerzo.

El tacosaurio

A este dinosaurio únicamente le gustaban los tacos (seguramente era mexicano), ¡y con chile!

Taquitos de víbora a la vinagreta, de patas de elefante a la veracruzana, de carnitas de lagarto y en ocasiones pedía sus tacos de "niños desobedientes".

Rockanrolsaurio

Aunque era buen bailarín de rock, también dominaba el rap, la quebradita, la salsa, el danzón y otros ritmos. Le gustaba tanto el baile que hasta dejaba de comer por menear el bote...

Desafortunadamente una vez que "bailó" la Tierra por un temblor, este gran bailarín quedó en la bailada.

Nota: Se dice que Gloria Trevi, Michael Jackson, John Travolta y otros bailarines se mueven con el rockanrolsaurio.

¡QUEREMOS
ROCK!

El mentirosaurio

Éste era muy mentiroso, tanto, que ni sus hijos le creían nada. Y cierto día, por decir una de sus mentirotas, se mordió la lengua y se murió todito; pero igual, nadie creyó que ya había estirado la pata.

¡BAH, PURAS MENTIRAS!

¡NIÑOS. A COMER!
POLLO VIVO SIN SALSA

Avorazaurio

Era un dinosaurio que todo lo quería para él porque era muy avorazado, a todos despojaba de lo que tenían; pero un día se unieron sus víctimas ya fastidiadas de tanto abuso y zumba, que se lo echan al plato por abusivo.

SUÉNENLE ¡PAREJO!
¡MAMÁ!
¡ABUSIVO!

Polisaurio

Este dinosaurio era la autoridad y arrestaba a todo aquel que violaba la ley, que entre otras cosas advertía: "Dinosaurio abusivo y malora, me lo jalo al bote, le doy de garrotazos una hora, le cobro multa y no le doy recibo."

El bebesaurio

Era un dinosaurio bebé al que le daban su biberón como a todos los bebés, pero aunque de pequeño se alimentaba con leche, nomás crecía y comía carne a lo bestia.

Mamasaurio

Era la mamita de todos estos monstruitos y, como todas las mamás, los bañaba, cambiaba pañales y alimentaba. Lo único malo es que a ellas nunca les festejaban el día de la madre porque aún no se inventaba.

Chaparrosaurio

También existieron dinosaurios enanos llamados chaparrosaurios.

Por cierto eran tan pero tan chiquitos, que a cada momento los aplastaban por insignificantes. ¡Pobrecitos!

Niño malo

El papá del travieso muchacho llega a casa y lo encuentra retorciéndole el pescuezo al periquito...

—¡Niño, por Dios!, ¿qué estás haciendo?

—Exprimiendo este limón, papá.

Insectos

Una nena invita al travieso de su amigo a comer en su casa...

—Oye, Anita, el otro día que vine, mi sopa tenía una mosca y hoy tiene una cucaracha, ¿por qué?

—Porque desde el día que viniste se nos acabaron las moscas.

Turistas

—No comprendo cómo pudiste pagar el pasaje de avión a ese enorme perro hasta California...

—Es que el pobre animal no conocía Disneylandia.

Notirrisa

En Nueva York se informó que una famosa estrella de cine se puso un champú multicolor para que le saliera pelo, pero en vez de brotarle pelo, le salieron serpentinas.

Cuento idiota

Unos exploradores se fueron de viaje al Amazonas y, para no perderse, siguieron el mapa; pero finalmente se perdieron porque los mensos se salieron del mapa...

Los pájaros

Alegaban el pájaro carpintero y el canario:

—Tú presumes de pájaro carpintero y no sabes hacer ni un palillo.

—Y tú presumes de cantante y no te sabes ni "Las mañanitas".

Por cierto, amiguitos, ¿sabían ustedes que el pájaro carpintero golpea la corteza de los árboles con una frecuencia de 500 veces por minuto?

Así consigue los insectos para alimentarse.

El periquito

Un hombre vendía un periquito hablador y explicaba:

—Mire, este perico tiene dos listones, uno en cada patita; si le jala el listón rojo habla inglés y si le jala el listón azul habla francés.

—¿Y si le jalo los dos al mismo tiempo?

—¡Me caigo, menso! respondió el perico.

El gallina

Un señor llega con su médico y dice:

—¡Ya no me siento gallina, doctor!

—¿Ya no?

—No, ¡ya dejé de poner huevos!

El pájaro loco

—Fíjate, Mary, que anoche estaba viendo el canal 5 y de pronto ¡zas!, que se cruzan los canales y que aparece el Pájaro Loco correteando a Zabludovsky en *24 horas* del canal 2.

Los pescuezos

El maestro de música daba la clase y uno de sus pequeños alumnos le dice:

—Profesor, su guitarra tiene muy sucio el pescuezo.

—No se llama pescuezo, Carlos, se llama diapasón.

—Bueno, entonces, lávese usted el diapasón porque también lo tiene sucio.

Los relojes

—¿Qué le dijo un reloj grande a uno chiquito?

—No sé.

—¡Lávate la carátula y las manecillas en este minuto!

Adivinanza

"Doce amigos tengo yo,
mis dos brazos muevo bien,
caminando siempre estoy
y cumpliendo mi trabajo,
la cara todos me ven."
¿Qué es...?
¡El reloj!

Comerciales

Llega el papá (que es locutor) a su casa y le dice a su hijo:

—Héctor, vamos a comer, así que lávate las manos con jabón azul.

—Ya comí, papi.

—Entonces cepíllate los dientes con cepillo extra suave...

—¡Ya, papá, por favor no vengas aquí también con tus comerciales!

Niño terco

El niño José se encuentra enfermito y su mamá trata de confortarlo:

—Anda, hijito, tómate la leche...

—No, hijito, no puedes morirte...

—Bueno; déjame intentarlo, mami.

Comercial

¡Atención, mucha atención! Señora, ¿espera usted un bebé? Venga a la maternidad Ahínco. ¡Aquí entra usted y sale con cinco!

Advertencia

—Mamá, ¿las escuelas son peligrosas?

—No, hijo, ¿por qué piensas eso?

—Pues porque cerca de cada escuela hay un aviso que advierte:

"¡Cuidado, escuela!"

Aladino y la lámpara

Un niño negro camina por la playa y encuentra una lámpara, la frota y aparece el genio.

—¿Qué deseas, amo?

—Quiero que me conviertas en blanco y con mucho dinero, ¡con mucha lana!

Y el genio le cumplió: lo convirtió en un borreguito blanco, con mucha lana.

¡Perfecto!

—¿Qué te parece si además de convidarme una torta me invitas un refresco?

—Me parece perfecto, ahora déjame pensar cómo decirte que te largues porque ya no te soporto.

Recado telefónico

Niño: Thalío el del barrio

Te hablaron a las: 4, 5,6 y 7.

Las niñas: Bety, Rosita, Lucy y Lola.

Recado: Como nunca estás, dijeron que eres un chocante, un creído, un malora y ¡un amor!

Fecha: No me acuerdo.

Recibido por: Pinocho el mentirocho.

Exageración

Era un profesor tan pero tan pesado, que un día se arrojó al mar, se hundió hasta el fondo y tuvieron que rescatarlo con grúa.

Galán escolar

—Mi maestro enloquece a todas las maestras.
—Sí, la que se case con él tiene que estar loca.

Turista

—Bueno, ¿hablo a la administración del hotel?
—Sí, a sus órdenes...
—¿Puede ser tan amable de mandarme unos ratones?
—¿Quién habla?
—¡El gato!

Bien queridos amigos, niñas y niños, después de habernos divertido con estos simpáticos dinosaurios, disfrutemos enseguida con algunos *chistes y ocurrencias...*

—¿Qué le dijo el diccionario a la mochila?
—No lo sé...
—Yo soy un hombre de letras.

—¿Y qué le dijo la regla al lápiz cuando el lápiz rayaba?
—¿Qué le dijo?
—¡Vete derechito, derechito, derechito!

—¿Qué le dijo el cuaderno de matemáticas al de civismo?
—¡En un dos por tres me lleno!

—¿Qué le dijo el compás a los crayones?
—Vengan, vamos a dar una vueltecita aquí en la hoja.

—¿Qué le dijo un libro al diccionario?
—Yo soy de pocas palabras.

—¿Y qué le contestó el diccionario?
—En cambio a mí, hasta me sobran palabrotas.

Y finalmente, ¿qué le dijo el cuaderno al libro?
—¡Vete a la goma!

Nuevo invento

Se trata de un aparato denominado *mimuelita* que servirá para quitar y reponer dientes. Depositas una moneda, aparece una manita perfumada y te coloca o quita el diente que quieras.
¡Urge un sabio loco para inventarlo ya!

Exageración

Era una nenita tan pero tan optimista, que se compró libros, cuadernos, lápices y mochila para ir a la escuela, y apenas tenía dos meses de nacida.

Entró y salió

—¿Y tu papá, Quique?

—Pues fíjate que entró a las ocho y salió a las doce.

—¿Y qué tiene de raro que entrara a las ocho y saliera a las doce?

—Que no fue al trabajo a donde entró, sino a prisión.

¿Qué le dijo

La mosca a un gusano?
¡Eres un arrastrado!

Power Rangers

Un Ranger le dijo a otro:
"¡Yo sé chistes a montones!",
y el otro le contestó:
"Sí, pero no traes calzones."

Distinguido

—Anoche fui a uno de esos lugares en donde sólo les permiten el paso a niños inteligentes y elegantes...

—¿Y cómo te fue?

—No me dejaron pasar.

Otro nuevo invento

Se trata de un invento invisible denominado "la nada" y consiste en un cuchillo sin mango al que se le cayó la hoja.

Adivinanza

Ya ves qué claro es,
adivíname lo que es...
¡Las llaves!

Notirrisa

Un árbitro de futbol fue arrestado anoche por la policía después de golpear a un aficionado. El árbitro dijo que ese aficionado le gritó hace una semana que era un chimpancé y que hasta anoche supo lo que era un chimpancé.

La dieta

Una enorme elefanta le decía muy triste a la jirafa:

—¡Ay Dios mío, estoy desesperada por ser tan gorda!

—Deberías hacer la dieta de los cocos, amiga...

—¿Cómo es esa dieta, manita?

—Hay que subir a todas las palmeras a bajar cocos.

Adivinanza

"Muy duro de arriba
y duro por debajo,
cabeza de víbora
patitas de pato."
¿Quien soy?
¡La tortuga!

Comercial

¡Atención! No permita que le quiten su dinero en cualquier parte... venga hoy a nuestra tienda, ¡nosotros se lo quitamos!

Comercial

¡Atención, mucha atención! ¡Zapatos, zapatitos y zapatotes; para patas, patitas y patotas! Venga a la gran zapatería El Tormento de los Callos.

Aprobado

—¡Estoy seguro de que ahora sí paso el examen!

—¿Por qué crees?

—Porque ahora no está mi mamá para ayudarme.

Muñecos

Durante el invierno dos muñecos de nieve platicaban...

—¡Ay, qué calor hace, estoy sudando!

—No estás sudando, menso, ¡te estás derritiendo!

Artistas

Dos niños a los que les gustaba dibujar y pintar comentaban:

—Estoy muy adelantando en mi clase de pintura, con un solo trazo puedo cambiar una cara risueña en una que llora.

—Mi mamá hace lo mismo con una sola cachetada.

¿Qué le dijo

Una piedra preciosa a otra?
¡Eres verdaderamente brillante!

Exploradores

—¿Y cuáles fueron las últimas palabras de tu tío antes de morir en el río?

—No tengas miedo, hijo, aquí no hay cocodrilos...

Ánimo

—¡Ay, doctor, me muero, me muero...!

—Tranquilo, no se preocupe; todavía vivirá otros veinte minutos.

Periodistas

—¡Baja de ese árbol y ayúdame, porque me va a destrozar este cocodrilo!

—No, porque si bajo quién va a dar la mala noticia.

Apodo

—Oye, Jorgito, ¿por qué a Benjamín le dicen La Gripe?

—Porque a todos les pega, mamá.

Trabalenguas

Aquí tienes unos divertidos juegos de palabras conocidos como trabalenguas. Juega con tus amigos a ver quién los memoriza y repite primero.

El nene dijo a la nena: dile a Nino que la nana Nono; la nena le dijo a Nino que el nene dijo que la nana Nono.

Mela y mala una mula y Mela que vio a la mula dijo: ¡qué mala mula es Mela!

Enfrente de Fuensanta hay una fuente de frente. Fuensanta frunce la frente, frente a la fuente que está enfrente de frente.

Pepito pitó a papito quiero hacer pipí, y popó; papito entendió a Pepito cuando hizo pipí y popó.

Tres raras ratas dos ratones y un robot enrarecieron recientemente de repente; un robot, dos ratones y tres raras ratas enrerarecieron de repente recientemente.

Trini trilló tres trastos trastabillando atrás, tres trastos trastabillando trilló Trini atrás.

Una gata, un gato y un gatito que gateaba salieron a gatear, que gateada del gatito de la gata y de aquel gato cuando gateaban al gatear.

Cuántas flores florean en el florido campo, dijo a florecita Flor. En el florido campo dijo Flor a florecita cuántas flores florean.

Pata, Peta, Pita y Pota, cuatro patas con un pato y dos patas cada pata. Cuatro patas cada pata con dos patas y su pato, Pota, Pita, Peta y Pata.

Saliendo el Sol solamente la sal salaba la saliva, salaba la saliva la sal solamente saliendo el Sol.

En la China una china, un chinito y el chino Chin Chon Chan, chinampinas chinampas enchinaron. Qué enchinada de chinampas chinampinas enchinaron en la China un chinito, una china y el chino Chin Chon Chan.

Pegamento

—¡Ay, tengo mi corazón hecho pedazos!
—Te presto mi resistol 5000 para que lo pegues.

Astronautas

Un terrícola viaja con un marciano en la nave de éste y pregunta:

—¿Qué es eso que se ve allí?

—¡Es Marte, mi planeta, mira qué enorme es!

—Ni es enorme y está bien feo; verde y rojizo... ¡En cambio mira la Tierra, mi planeta!

—¿A esa bola colgada del cielo le llamas planeta?

Niños pobres y ricos

Un niño pobre le decía a uno muy rico:

—¿Sabes cuál es la diferencia entre tú y yo?

—No, dímela...

—Pues que tú pones tus zapatos a los Reyes Magos para que te pongan juguetes y yo para que les pongan medias suelas.

La madrina del niño

El niño se dispone a salir y la mamá le recomienda:

—Pórtate bien en casa de tu madrina, hijo.

—¿Y si me sirve atole?

—No lo vayas a escupir sobre la mesa.

—¿Me lo tengo que tragar entonces?

El señor y su gato

—¿Por qué comes siempre en la calle y no en tu casa?

—Porque vivo solo con mi gato, y el gatito no sabe ni freír huevos.

Exageración

Era un hombre tan pero tan chaparrito, que cuando le dolía la cabeza también le dolían los pies.

Futbolistas

Un niño invitaba a su vecino a jugar y le decía:

—Deberías jugar futbol con nosotros en la calle, te va a gustar.

—¿Por qué piensas que me va a gustar?

—Porque te llenas de tierra y de lodo.

Sistema para dejar de engordar

Se trata de unos guantes de box: te los pones y así ya no puedes comer nada.

Una buena y una mala

—Te traigo dos noticias, una buena y una mala.

—A ver, dímelas...

—La buena es que la maestra se enfermó de gripe.

—¿Y la mala?

—Que nos contagió a todos.

Carta de un niño a Santa Clos:

"Esta vez no voy a pedirte mucho, únicamente un poco de dinero para mis chocolates, otro poco para dulces, algo más para mis juguetes preferidos, suficiente para comprar otro Nintendo, un millón para gastarlos en lo que se me pegue la gana y un poco para todo lo demás."

Nota de un niño a sus compañeros:

"Si me ven muy serio, no crean que estoy pensando, así me pongo cuando estoy lelo, tonto e idiota."

Aviso en una puerta:

"¡Te advierto que me está llevando el demonio de coraje!"

Aviso de brevedad

"Soy un niño de una sola palabra...¡NO!"

Advertencia de una niña a sus amigas:

"No se confíen si me ven risueña, repentinamente me trastorno y me pongo como loca."

Recado de un niño a una niña:

"Deseo escribirte una carta pero no encuentro la forma de decirte que te amo."

Aviso en un taller

"El servicio estaría mucho mejor si fuera gratis."

Recado de un niño a una nena:

"Tú y el profesor están acabando con mi paciencia."

Aviso en un escritorio

"¡Cuidado, me enfurezco de repente!"

Recado de una niña a su compañero:

"Jamás esperes que sea tu amiga... pero puedes intentarlo."

¿POR QUÉ ESTÁ TRISTE ESTA PERRITA?
¡PORQUÉ QUIEREN CONVERTIRLA EN GATA!

Reflexión de un niño al despertar

¡Éste es un día verdaderamente hermoso! ¿Quién será el bobo que me lo va a estropear?

Recado de otra nena a otro niño:

"Si ya sabes que nunca te haré caso, ¿por qué insistes en mirarme con ojos de borrego triste?"

Aviso en una tienda

"Ojalá y seas hablador y chismoso porque necesitamos mucha publicidad."

Y colorín colorado que los chistes y sorpresas se han terminado. Ojalá que se hayan divertido muchisísimo. ¿Quieren su pilón?

¡Con gusto se los damos...!

El hombre automóvil

Llega un enfermo con su médico y le dice angustiado:

—Doctor, ayúdeme por favor, ¡me siento carro, creo que soy automóvil! ¿Qué debo hacer?

—Por lo pronto apague su motor porque no escucho nada.

La abuelita y el niño

El maestro pregunta a su alumno:

—¿Cómo está la abuelita, Lalo, hace mucho que no la veo...?

—Está postrada, profesor.

—¿Postrada? ¿Acaso está enferma?

—No, postrada, postrada; hace cinco días que está come y come postres.

El niño adivino

—Maestro, adivino que hoy trae usted calzones blancos.

—¡Es verdad! ¿Cómo pudiste saberlo, niño?

—Porque olvidó ponerse los pantalones.

Bien, terminamos con un dato importante:

Se dice que actualmente alcanzamos a vivir setenta años en promedio y que, en ese tiempo, nuestro corazón llega a latir...

¡DOS MIL OCHOCIENTOS MILLONES DE VECES!

Así que cuida tu vida cuidando tu corazón, come bien, descansa y haz ejercicio.

¡Fin!

Esta edición se imprimió en Febrero de 2004. Editores Impresores Fernández S.A. de C. V., Retorno 7-D Sur 20 No. 23. México D. F.